우리의 영혼은 멈추지 않고

우리의 영혼은 멈추지 않고

─ 한 달에 한 권 시와 그림책

초판 1쇄 발행 | 2023년 6월 17일

지은이 | 이화정
펴낸이 | 정태준
편집 | 자현, 정태준, 곽한나
디자인 | 정하연
펴낸곳 | 책구름 출판사
출판등록 | 제2019-000021호
주소 | 전주시 덕진구 세병로184, 1302-1604
전화 | 010-4455-0429
팩스 | 0303-3440-0429
이메일 | bookcloudpub@naver.com
블로그 | blog.naver.com/bookcloudpub
카페 글비배곳 | cafe.naver.com/knowledgerainschool

ⓒ이화정, 2023
ISBN 979-11-92858-05-0 (03810)

• 저작권법에 의해 보호받는 저작물이므로 무단 전재와 복제를 금합니다.
• 잘못 만들어진 책은 구입하신 곳에서 바꾸어 드립니다.

이화정 지음 한 달에 한 권 시와 그림책

우리의 영혼은 멈추지 않고

차례

프롤로그 / 9
진정한 자기계발서, 시를 권하며

**'한 달에 한 권 시와 그림책'
초대합니다** / 18

1월   **시와 그림책의 온기** / 23
　　　— 울라브 하우게, 《어린 나무의 눈을 털어주다》
　　　— 로버트 프로스트 시, 수잔 제퍼스 그림,
　　　　《눈 내리는 저녁 숲가에 멈춰 서서》
　　　아름다움을 붙드는 따스한 시선 / 26

2월   **시처럼 오는 것들** / 35
　　　— 김용만, 《새들은 날기 위해 울음마저 버린다》
　　　— 공광규 시, 주리 그림, 《흰 눈》
　　　시처럼 다가오는 풍경들 / 38

3월   **봄을 맞이하는 마음** / 47
　　　— 장영희 글, 김점선 그림, 《다시, 봄》
　　　— 제니퍼 번 글, 베카 스태트랜더 그림, 《시의 날개를 달고》
　　　다시, 봄에의 믿음 / 51

4월   **평범한 일상에 피어나는 시의 언어들** / 65
— 칼 윌슨 베이커, 《오랜 슬픔의 다정한 얼굴》
— 존 아노 로슨 기획, 시드니 스미스 그림, 《거리에 핀 꽃》
슬픔을 위로하는 다정한 봄의 얼굴 / 69

5월   **아무것도 아닌 것과 모든 것 사이** / 83
— 김선우, 《아무것도 안 하는 날》
— 쇠렌 린 글, 한나 바르톨린 그림, 《아무것도 아닌 것》
모든 곳에 존재하는 모든 것의 시 / 87

6월   **시와 그림책의 다정한 대화** / 103
— 안준철, 《나무에 기대다》
— 맥 바넷 글, 이자벨 아르스노 그림, 《왜냐면 말이지…》
시집에 기대어 사는 삶 / 107

7월   **아무런 속셈 없이 우리 일상을
아름답게 하는 것들** / 121
— 오사다 히로시, 《세상은 아름답다고》
— 오사다 히로시 글, 이세 히데코 그림, 《첫 번째 질문》
시를 읽으며 삶을 껴안기 / 125

8월   **시인은 무엇으로 사는가** / 141
— 윤동주, 《하늘과 바람과 별과 시》
— 코랄리 빅포드 스미스, 《여우와 별》
감히 윤동주 / 145

9월   **시가 빛나는 밤에** / 163
— 이문재, 《혼자의 넓이》
— 아라이 료지, 《오늘은 하늘에 둥근 달》
우리는 그렇게 시가 되어가고 / 169

10월   **지독히 다행한, 우리 사이의 겨를** / 181
— 천양희, 《지독히 다행한》
— 호리카와 리마코, 《바닷가 아틀리에》
지독히 다행한 일 / 183

11월   **깊고 그윽하고, 정답고 따뜻한 시의 목소리** / 197
— 샤론 크리치, 로트라우트 S. 베르너 그림, 《Love That Dog》
— 질 티보 글, 마농 고티에 그림, 《나는 시를 써》
"당신이 나의 시" / 200

12월 **나에게 다가온 시의 이름** / 233
— 라이너 쿤체, 《은엉겅퀴》
— 마리야 이바시키나, 《당신의 마음에 이름을 붙인다면》
나에게 시는 / 237

에필로그
시에 의지하여 나아가는 삶 / 269

부록 1
멈추지 않는 영혼의 끈
: 한 달에 한 권 시와 그림책들 / 279

부록 2
'반짝이는 달력 모임' 회원들의 시와 그림책 이야기 / 285

**일러
두기**

· 책, 간행물은 《 》로, 이외 시, 영화 등 제목은 〈 〉로 표기하였습니다.
· 해당 출판사에 허락을 받은 시는 전문 게시하였습니다.
· 한글맞춤법 표기를 준용하되, 일부는 입말체를 그대로 살렸습니다.

프롤로그

진정한 자기계발서, 시를 권하며

'시를 잘 모르는데
괜찮을까요?'

     2022년 '한 달에 한 권 시와 그림책' 모임 신청서에서 가장 많이 눈에 띄었던 표현은 '시를 잘 모른다'는 것이었다. 시는 어렵지만 읽고 싶다는 마음이 담긴 메일이 차례차례 도착했다. 시는 쓰는 사람에게도 읽는 사람에게도 일단 어려운가 보다. 곽재구 시인의 〈세상의 모든 시〉(《꽃으로 엮은 방패》)에는 '나는 시를 모른다/ 시도 나를 모른다'는 구절이 나온다.
 나도 그랬다. 교과서로 배우는 시는 부담스러웠고, 국문학을 전공하면서 마주한 시론은 이해하기 어려웠다. 평론가의 시론이 심오할수록, 해설한 문장이 유려할수록 내가 시를 제대로 이해한 건지 의심스러웠다. 자기 시에 대한 평론을 읽은 시인은 무슨 생각을 할지 궁금했다. 어떤 시집은 여운이 깊어 해설까지 열심히 읽다가, 오히려 오래 간직하고 싶은 시적인 순간이 흐트러지기도 했다. 시집은 쌓여갔지만 시랑 친해지진 못했다.

그래도 시를 읽었다. 시보다도 난해한 삶. 그 한 가운데에서 절박한 심정으로 쉬고 싶을 때 여백이 많은 시집을 펼쳤다. 무슨 소리인지 모르겠네, 하면서도 시를 읽으면 안심이 되었다. 시집 한 권을 열심히 읽어도 쉽고 편하게 와닿는 시는 몇 편 안 되었지만, 그래도 좋았다. 내 심정을 알아주는 것 같은 다정한 시 한 편이면 족했다. 내 마음의 이름표 같은 시어를 발견하면 기뻤다. 어쩌다 마음을 뒤흔드는 시구를 만나면 노트에 옮겨 적었다. 곽재구 시인은 '시가 내 손을 따뜻이 잡는다'고 표현했는데, 나는 수시로 시의 손을 덥석 잡았다.

돌이켜 보니 시를 읽는 풍경은 내게 책날개가 돋아나는 순간이었다. 그림책《시의 날개를 달고》에 나오는 장면처럼 나는 그 날개를 달고 일상을 살았다. 시 한 편을 읽는 짧은 순간이나마 생생하게 나를 의식했고, 무심히 지나쳤던 사계절에 온 감각을 열고 감응했다. 시에는 고꾸라진 마음을 솟구쳐오르게 하는 힘이 있었다. 시를 읽는 행위 자체가 나를 소중히 대접하는 일이었다.

어떤 시였더라, 종종거리며 시집이 꽂힌 책장 앞에서 서성이는 것. 시어를 붙들어두고 싶어 차곡차곡 시노트에 적어두는 것. 어지러운 책상 위 잡동사니들을 앵글 밖으로 밀어놓고 단정한 시집 사진을 찍어두는 것. 시를 읽다 생각난 사람에게 읽어보라고 문자를 보내는 것. 특히 어려운 시기를 보내고 있는 이에게 떨리는 목소리로 시를 녹음해 들려주는 것. 내 일상에 스며있는 시의 표정은 푸근하고 다감했다. 그런 시를 마주하면서 나도 달라졌다. 어쩌다 시가 내 일상에 이렇게 뿌리를 내린 걸까, 신기했다. 심사가 꼬이면 한없이 옹색스러워지는 내게 시는 변심 장치 같았다. 시집을 펼치면 딸깍, 다른 차원이 펼쳐졌다.

현실에 뿌리를 두고 쓰인 시, 함께 읽으면 어떨까

좋아하는 사람들과 한결같은 관계를 이어가는 것. 특별히 아픈 곳 없이 활기차게 사는 것. 먹고살 걱정 없이 소박하고 무탈하게 사는 것. 하지만 이런 보통의 삶이 가장 어려운 시대가 아닌가 싶다. 나이 든다는 건, 다 내 맘 같지 않다는 걸 수긍하는 과정이고, 여기저기 몸이 아픈 걸 받아들일 수밖에 없다는 뜻이기도 하다. 돈이 행복의 조건이 아닌 건 알아도 돈이 없으면 걱정이 늘어나는 것도 인정하게 되었다. 시는 이런 인생의 씁쓸한 맛을 중화하는 장치로 효과적이었다. 시도 현실에 뿌리를 두고 쓰인 글이기 때문이다. 시집을 읽다 말고 식탁 위나 침대 머리맡에 급하게 엎어두고 집안일을 할 때가 많았다. 시집에 등장하는 많은 장면들이 내 일상과 겹쳤다. 시에서 본 풍경이 내 앞에도 펼쳐졌다. 시가 곁에 서서 가만히 응원해주는 것 같았다.

시를 읽으며 변하기 시작한 풍경이 꽤 괜찮아 보였다. 좋아하는 사람들과 시를 나누고 싶었다. 칼국수 집에서 뜬금없이 시집을 꺼내 읽어주기도 하고, 시집에 군데군데 메모를 붙여 선물하기도 했다. 그러다 시모임을 열었다. 2020년에는 '반짝이는 달력 모임'에서 일 년 내내 《열두 개의 달 시화집》 1월~12월 전 권을 읽었다. 2021년에는 '나무'와 관련된 책들을 읽었는데, 나무가 나오는 시와 그림책을 열심히 찾아 보았다. 그리고 2022년에는 '한 달에 한 권 시와 그림책' 모임을 열었다.

"이해하기 전에
좋아해 보기로 했다"

우리가 함께 읽은 시들은 대부분 일상에 뿌리를 둔 시였다. 시의 언어가 자연스레 스며들어 우리의 입을 통해 시적으로 발화되는 장면을 꿈꾸며 시집 열두 권과 그림책 열두 권을 읽었다. 시는 여전히 어렵지만 우리는 다른 선택을 했다.

이해하기 전에 좋아해 보기로 한 것이다.

  좋아하는 마음은 바라보는 것부터 시작해 함께 보내는 시간이 필요하다. 매일 애써야 하는 일상에서 잠시 짬을 내 시를 생각하기. 함께 읽는 사람들을 자주 떠올리기. 시가 들려주는 얘기를 열심히 들어보기. 모임 준비(과제)는 일단 열심히 해보기. 그리고 채팅방에 모여 신나게 수다 떨기. 화상 모임이 있는 날은 얼굴 보며 많이 웃어주기. 그렇게 우리는 먼저 서로를 좋아하는 마음으로 시를 읽었다.

  어떤 모임을 열든 우리끼리만 좋으면 안 된다고 강조한다. 이 책 또한 그런 마음으로 썼다. 이 책에 실린 계획안은 실제 모임에서 나눴던 것이다. 매달 첫째, 둘째 월요일에는 본 모임을 준비하며 다양한 방식으로 시의 세계를 경험해보는 모임 준비 활동으로 구성했다. 예를 들어 '시 낭독 파일 공유하기'는 그동안 혼자서 시를 읽던 방식에서 벗어나 낭독하기, 녹음해서 들어 보기, 다른 사람에게 들려주기 등 다양한 방법으로 시를 읽어보는 과제였다. 같은 시를 낭독하는 과제도 있었는데, 읽는 사람에 따라 달라지는 느낌에 서로 놀라기도 했다. 시를 필사하고, 시에 등장하는 사물을 관찰하고, 시를 이어 쓰고, 시를 따라 쓰고, 시를 지어보기도 했다. 산책하며 읽고, 가족에게 읽어주고, 편지에 써서 전해주기도 했다. 시 한 편에 울고 웃고, 그림책 한 권에 일상이 환해지고 풍요로워졌다. 시랑 친해지고 싶어 시작한 모임 덕분에 우리 사이엔 우정이 쌓이고, 시에 대한 애정이 깊어졌다. 일 년 내내 함께 읽고 과제를 하는 동안 우리 곁에 남은 건 시의 온기였다. 그 온기에 힘입어 우리가 나눈 교감은 더없이 따스하고 특별했다. 시는 우리 손을 따뜻이 잡아주었다. 그러다 덜컥 시와도 사랑에 빠졌다.

본 모임은 셋째 주 토요일 밤 10시, 화상 채팅(zoom) 방식으로 두 시간 동안 진행했다. 공지된 모임 주제에 맞춰 오래 생각하며 준비한 이야기를 나누었다.

마지막 주 월요일은 한 달을 돌아보는 뒤풀이 자리였다. 시집 한 권과 그림책 한 권으로 우리 마음을 보듬고 일상을 돌본 이야기들을 나누며 감사하는 시간이었다. 다음에 읽을 시집과 그림책에 대한 설렘으로 다가오는 새 달을 기대할 수 있었다.

진정한
자기계발서

자기계발서를 많이 읽어봤지만 만족할만한 성과를 얻었는지 늘 회의적이었다. 슬기나 재능, 사상 따위를 일깨

위 준다는 계발의 의미에 시만큼 적절한 게 없다는 걸 모임이 끝나갈 무렵 절감했다.

시를 통해 나의 감정을 명확히 인식한 적이 많다. 명징한 시어들이 나의 모호한 일상을 흔들어 깨웠고, 살아가면서 부단히 익혀야 할 삶의 기술을 시가 가르쳐 주었다. 어떤 사람이 되고 싶은지 시를 읽으며 구체적으로 그려볼 수 있었다. 다정하고 사려 깊고 따스하고 세심한 사람. 작은 존재도 눈여겨보는 사람. 경탄의 능력을 갈고닦는 사람. 시를 읽을수록 그런 사람이 되고 싶어졌다. 시인이 들려주는 이야기에서 어떻게 살아가야 할지 생각에 잠길 때마다 어떤 자기계발서보다 중요한 질문을 발견하기도 했다. 시는 끊임없이 우리를 자극했고, 감응하게 했으며, 움직이게 했다. 어떤 자기계발서보다 강력했다.

모임에서 주력한 건 우리만의 시론을 구축해나가는 것이었다. 나에게 시란 무엇인가? 시는 왜 필요할까? 시를 읽으면서 뭐가 달라졌을까? 어떻게 시를 체화시킬 수 있을까? 어떻게 시를 나눌까? 이런 질문을 붙들고 스스로 정의 내리기 위해 애썼다. 한 걸음 한 걸음 시를 향해 나아가는 동안 우리는 조금씩 달라졌다. 이 책은 그 과정을 기록한 책이다.

부디 책을 읽는 분들이 어느 한 페이지에서라도 시의 온기가 스며있는 문장을 만났으면 좋겠다. 시가 내민 따스한 손을 마주

잡고 잠시 숨을 고른 뒤 한 걸음 더 나아갈 힘을 얻는다면 더 바랄 게 없겠다.

'한 달에 한 권 시와 그림책'

초
대
합
니
다

날마다 시(詩) 생각을 합니다. 책장 맨 위 칸에 가지런히 꽂힌 시집들과 눈을 맞추다 보면 저절로 이런 생각이 떠오릅니다.

'오늘은 무슨 시를 읽을까?'
'오늘은 어떤 시적인 순간들이 찾아올까?'
'누구에게 시를 전해줄까?'

저에게 시란, 가깝고도 먼 흠모의 대상이었어요. 어느 날 우연히 중고 서점에서 《힘들 때 시》라는 책을 발견했어요. 제목만으로도 위안이 되었습니다. 한동안 아무에게도 이야기하지 않고 비밀스럽게 읽었습니다. 책에 실린 열 편의 시를 한 편 한 편 아껴가며 읽었지요. 작가가 그 시에 대해 풀어쓴 이야기들도 달게 읽었습니다. 혼자만 알고 싶었던 시집입니다.

살아가는 동안 끊임없이 저를 갉아먹는 감정들이 있습니다. 상대적 박탈감, 질투심, 공허감, 무력감 같은 것들이지요. 누군가의 위로와 격려가 절실히 필요했지만 저의 약하고 못난 모습을 보여주기는 싫었습니다. 그런 날, 제목처럼 힘들 때, 저도 시를 읽었습니다. 시는 조용하고 은은하지만 강렬한 존재감으로 저의 내밀한 친구가 되어주었습니다. 시 속에는 모든 것이 들어있었습니다. 아름다움에 경탄하며 쓴 시를 읽으면 솟구치는 시의 언어를 따라 저도 힘이 났습니다. 반면 도저히 삼킬 수 없는 슬픔, 분노와 절망을 토해내듯 쓴 시를 읽으면 숨통이 트이기도 했습니다.

패트리샤 매클라클랜의 《가위 바위 보》라는 소설을 읽다가 책 속에 깃든 '아름다운 말들의 힘'을 느낀 적이 있습니다. 소설에 등장하는 미니프리드 선생님은 아이들에게 시 속에는 '살면서 보고 들어야 할 것들, 스치고 지나가 버리는 순간들, 선하고 악한 것들, 기쁘고 슬픈 것들'이 들어있다고 가르쳐 줍니다. 그래서 그 모든 것들을 주의 깊게 바라볼 수 있는 힘을 길러주지요. 아이들이 내면 깊은 곳에 숨겨 둔 이야기를 꺼내 시로 표현하도록 이끌어줍니다.

"시는, 그러니까 말은 이따금씩 우리 자신을 소박하고 아름답게 들여다볼 수 있는 계기가 되어 주지. 그리고 어떤 때는 그거면 충분하단다." ─ 패트리샤 매클라클랜, 《가위 바위 보》

한 달에 시집 한 권을 천천히 읽는 모임에 초대합니다. 아무 페이지나 펼쳐 읽다가 마음에 꽂히는 시를 만나면 소리 내어 읽어보세요. 마음이 울적한 날은 좋아하는 연필이나 펜을 들고 사각사각 소리 내며 필사해 보세요. 누군가 그리운 날은 편지나 문자로 시를 배달해 주는 건 어떨까요? 사랑하는 가족이나 친구 앞에서 목소리를 가다듬어 낭송하는 것도 시도해 보세요. 어색함은 잠깐이고 분명 행복한 경험을 하실 겁니다. 그림책을 곁에 두고 시와 함께 읽어 보세요. 편한 마음으로 구석구석 오래 봐 주세요. 숨은 뜻을 분석하거나 억지로 의미 부여를 하지 않아도 됩니다. 충분히 여운을 즐기세요.

천양희 시인은 왜 시를 쓰느냐고 물으면, 서슴없이 '잘 살기 위해서'라고 대답했다고 합니다. '잘 산다는 것은 시로써 나를 살린다'는 뜻이며, 그래서 '나는 시와 소통할 때 가장 덜 외롭다'고도 했습니다. 잘 살기 위해서 시를 읽으면 어떨까요? 시와 그림책을 읽으며 내 마음을 돌보고, 좋은 질문을 서로 주고받으며 일상을 가꿀 때, 우리도 잘 살게 되지 않을까요?

《힘들 때 시》를 읽고 이런 문장을 써 놓았습니다.

> 언젠가 나도 시에 대해 쓰고 싶다. '내용'보다 '태도'에 대한 이야기를.

에밀리 디킨슨이 단어 하나를 고르기 위해 창작 중이던 시의 여백에 열세 개의 형용사를 적어놓았다는 글귀를 보고 난 뒤 쓴 글이었습니다. 디킨슨의 일화가 내포한 의미는, 어떤 것의 핵심을 찾기 위해서는 내용뿐 아니라 태도를 봐야 한다는 것이었습니다. 그 당시 제가 고민하던 문제에 깊이 와닿는 부분이 있어 저는 이런 글을 써 놓았습니다.

책모임의 내용은 엇비슷할 수 있다. 새로운 것이 없을 수도 있다. 하지만, 태도는 달리 할 수 있다. 정성은 독보적 가치가 될 수 있다.

제가 아끼는 시집과 그림책을 여러분과 나누게 되어 기뻐요. 한 달 동안 시와 그림책이 어떤 친구가 되어주었는지, 어떤 시가 특별히 좋았는지, 어떤 장면에 오래 머물렀는지 여러분만의 시와 그림책 이야기를 들려주세요. 저는 정성껏 쓴 글 한 편을 매달 보내드리겠습니다.

시와 그림책의 온기

1월

《어린 나무의 눈을 털어주다》
올라브 하우게

《눈 내리는 저녁 숲가에 멈춰 서서》
로버트 프로스트 시 / 수잔 제퍼스 그림

1월 계획안

눈 내리는 저녁 숲의 풍경을 상상해 보세요.
아름답고 어둡고 깊은 곳에서 퍼지는
온기를 담은 시와 그림책을 소개합니다.

○ 모임 준비

하나. 시 낭송 파일 공유
—《어린 나무의 눈을 털어주다》시집을 읽고 가장 마음에 든 시 한 편을 골라주세요.
— 낭독한 음성 파일을 단체 채팅방에 공유해 주세요.

둘.《눈 내리는 저녁 숲가에 멈춰 서서》에서 가장 인상 깊은 그림을 소개해 주세요.
왜 그 그림이 좋았는지 간단히 이유도 적어 주세요.

○ 모임

1. 다른 사람이 낭송한 시를 들어보니 어떠셨나요? 같은 그림책을 읽었지만 오래 마음에 남는 그림은 각자 달랐습니다. 함께 읽은 시와 그림책에 대한 소감을 나눠 주세요.
2. 코로나 사태로 마음이 서늘해질 때마다 '어린 나무의 눈을 털어주는 마음'을 생각해 보았습니다. 일상 속에서 경험한 작은 친절, 위로가 되었던 온화한 말, 오래 기억될 사려 깊

은 행동, 잔잔한 여운이 남았던 장면을 소개해 주세요. 그런 마음이나 행위에 이름을 붙여본다면 뭐라고 표현해 볼 수 있을까요?

3. 모임 이후 얼마나 자주 시집을 펼쳐 보셨나요? 집안일을 하다가 문득 떠오른 시구, 산책하다 떠오른 시의 장면, 글을 쓰고 싶게 만든 시와 그림책의 말들. 어떤 것도 좋습니다. 시와 그림책을 평소보다 자주 읽는 동안 일어난 변화가 있다면 나누어 주세요.

4. 새해 첫 달, 어떤 말을 자주 생각하셨나요? 이달의 이름을 직접 지어보면 어떨까요?

— 1월 한 달 소중히 품은 말 :
— 나의 1월 이름 :

○ 모임 이어가기

· 울라브 하우게 시의 다른 번역본 살펴보며 비교해보기
· 라이너 쿤체 시, 〈밤 보고서〉 함께 읽고 느낌 나누기

아름다움을 붙드는
따스한 시선

**나의
인생 시집**

   2017년 봄, 동네책방에서 인상적인 시집 한 권을 발견했다. 무광택의 하얀 표지 위에 새겨진 청청한 영문 글자가 인상 깊었다. 시인의 이름이었다. 아래쪽에 '봄날의책 세계시인선 1' 그리고 《어린 나무의 눈을 털어주다》라는 파란색 제목이 쓰여 있었다. 그날 이후 마르고 닳도록 읽는 인생 시집이 되었다.

1908년부터 1994년까지 노르웨이 울빅에서 살았고, 원예학교에서 공부한 후 과수원 농부로 평생 일한 시인은 거의 독학으로 배운 언어로 시를 읽고 번역했다고 한다. 모자를 쓰고 비스듬히 서 있는 시인의 사진을 볼 때마다 상상해 보곤 한다. 짙은 초록의 빽빽한 침엽수들 사이로 펼쳐진 설경. 시를 읽는 순간 영화처럼 한 장면이 펼쳐진다.

추운 겨울밤 눈이 쏟아지기 시작하고 농부 할아버지는 안절부절못한다. 저 멀리 숲속에는 눈의 무게를 이기지 못하고 뚝뚝 나뭇가지 부러지는 소리가 들리기 시작한다. 정원의 어린 나무들의 가느다란 가지 위에 쌓여가는 눈을 바라보던 할아버지는 옷을 챙겨 입고 정원으로 나선다. 할아버지는 '춤추며 내리는 눈송이에/ 서투른 창이라도 겨눌 것인가' 하는 심정으로 쏟아지는 눈을 쳐다본다. 할 수 있는 게 없다고 하면서도 나무를 감싸 안고 대신 눈을 맞을까 고민하던 할아버지는 막대 하나를 주위 들고 정원을 거닐기 시작한다. 어린 나무들 사이를 걸어다니며 살살 눈을 털어주는 할아버지. 어떤 나무는 가지 끝을 잡아당겨 눈을 털어낸다. 고스란히 눈을 뒤집어쓰기도 하면서.

어느덧 나를 돌보는
어둡고 깊고 아름다운 시

       2018년 겨울, 대구에서 책모임을 진행했다. '예술적 가치를 향유하는 책 읽기'라는 주제로 그림책과 시집, 음악을 곁들인 프로그램을 준비했다. 《어린 나무의 눈을 털어주다》와 함께 로버트 프로스트의 시 그림책 《눈 내리는 저녁 숲가에 멈춰 서서》를 함께 보았다. 수잔 제퍼스가 그린 겨울숲은 펑펑 내리는 함박눈 속에서도 푸근하다. 이 그림책 속에도 속 깊고 온화한 할아버지가 등장한다. 어린 말을 앞세워 바삐 숲을 지나던 할아버지는 마차를 세운 뒤 눈 덮인 숲을 바라보고 있다.

 '한 해 중 가장 어두운 저녁, 숲과 꽁꽁 얼어붙은 호수 사이에 서서' 어린 말은 무슨 일인지 호기심 어린 눈으로 할아버지를 쳐다본다. 천진한 표정으로 눈 위에 드러누운 할아버지. 어린 나무의 눈을 털어주던 울라브 하우게 시인처럼 이 할아버지도 꽁꽁 얼어붙은 호수 사이에서 무언가를 한다. 할아버지가 다녀간 자리에는 굶주린 동물들의 먹이가 될 건초와 씨앗들이 수북하게 쌓여 있다. 사슴들은 나무들 사이에 숨어 서서 할아버지가 어린 말 등 위에 담요를 덮어주는 모습을 바라본다.

숲은 무척이나 아름답고 어둡고 깊지만

난 지켜야 할 약속이 있고,

잠자리에 누우려면 한참 더 가야 하네.

한참을 더 가야 한다네.

─── 로버트 프로스트 시, 수잔 제퍼스 그림, 《눈 내리는 저녁 숲가에 멈춰 서서》

'폴폴 날리는 눈송이 소리뿐'인 깊은 숲속의 저녁, 먼 길 달리느라 지친 어린 말과 숲속의 배고픈 동물들을 보듬는 할아버지의 마음을 떠올릴 때면 시린 등에 담요를 뒤집어쓴 것처럼 포근해진다. 무채색 그림 사이사이 어느새 분홍, 노랑, 파랑으로 따스한 파스텔 색깔을 입은 새들이 등장한다. 새들이 가지에 앉아 숲을 떠나는 할아버지의 뒷모습을 바라보는 장면이 참 좋다. 춥고 배고프고 갈 길은 아득한데도 겨울숲의 아름다움에 압도당해 잠시나마 고통스러운 추위를 잊고 한숨 돌리던 할아버지의 모습에서 시와 그림의 힘, 예술의 가치를 새삼 발견하게 된다.

그러다 깨달았다. 지금껏 피상적으로만 읽어온 서정시가 실은 삶의 질곡 속에서 균형을 잡으려는 몸부림일수도 있다는 걸. 《눈 내리는 저녁 숲가에 멈춰 서서》를 보면서도 탐스러운 눈송이와 눈 덮인 겨울나무의 아름다움에만 감탄했지, 정작 먼 길을 달려 목적지까지 가야 하는 이의 고달픈 여정은 헤아리지 못했다.

  시를 읽다가 문득 희망에 부풀고 마음을 곧추세울 수 있었던 것도 시인 덕분이었다. 바라는 대로 되지 않는 삶이라도, 시를 통해 구현하고자 애쓰는 시인의 마음을 보아서다. 피하고 싶지만 묵묵히 감내하는 일상의 노동 속에서 길어 올린 삶의 빛나는 가치. 추한 것 속에서 기어코 찾아낸 아름다움. 소중한 존재가 사라져버린 자리에서 반추하는 시선. 시를 읽고 그림책을 보면서 나는 이전보다 더 자주 경탄했고, 더 고마운 게 많아졌다. 때로 외로울 땐 자연에 속해 있다는 것에 안도했다.

  푸근하고 정겹게 느껴지던 겨울숲을 빠져나오면 굵은 눈발이 휘몰아치는 아득한 밤길이 기다리고 있다. 그림책의 마지막 장, 두 페이지 가득 굵은 눈송이들이 쉴 새 없이 쏟아지는 회색빛 하늘이 펼쳐진다. 할아버지와 작은 말은 한참을 더 가야 한다. 마차는 작은 등불을 의지해 목적지를 향해 달려간다.

매일의 노동 속에서 쓰인 시

  시 속에서 빠져나오면 무엇이 기다리고 있는

지 안다. 글을 쓰다 지끈거리는 머리를 식히겠다고 펼친 시집을 덮으면 한숨 푹푹 쉬며 다시 모니터를 노려보는 곳으로 당도한다. 환상적인 그림책 속 여행이 끝나면 고약한 냄새가 나는 음식물 쓰레기통부터 비운 뒤 저녁 요리를 시작해야 한다. 쌀을 씻는 사이 뉴스에서는 지진 속보가 지나가고, 멍투성이로 죽은 아이 소식이 들려온다. 그럴 때면 바로 전까지 읽고 식탁에 놔 둔 시집과 그림책이 양면에 다른 얼굴을 하고 내게 묻는 것만 같다. 당신에게 시는 무엇이냐고. 아름다움과 고통, 선과 악, 추앙과 학대, 경이와 환멸⋯. 시는 이 엄청난 간극을 메워줄 수 있을까?

  메리 올리버의 산문집《휘파람 부는 사람》에, 〈프로스트라는 이름의 남자〉라는 글이 있다. 메리 올리버는 프로스트의 시들에서 '운과 율은 다 괜찮다고 말하고, 시어들은 다 괜찮지 않다'고 말하는 두 개의 다른 메시지를 듣는다고 했다. 여섯 페이지에 담긴 프로스트 시론을 여러 번 읽으며 깨달았다. 양면성은 자연에도, 시에도, 삶에도 다 적용되는 것이라고. 눈 내리는 저녁 숲가에 멈춰 서서 잠시 바라본 겨울 풍경은 지극히 아름답지만 뉴잉글랜드의 시골에서 보내는 겨울이 얼마나 혹독하고 고단한지 시인은 알고 있었다. 시어의 배열은 가지런하고 운율은 더없이 경쾌하지만, 시인의 삶은 시련 투성이에 끝없는 걱정으로 신음했을지도 모른다. 그걸 놓치고 읽을 때가 많았다.

메리 올리버는 프로스트의 시가 '균형, 절제, 한결같음, 잘 통제된 합리적인 혀, 사물들에서 다른 무엇을 보든 그 아름다움만은 놓치지 않는 눈'이 있으며 그것은 '승리'와도 같다고 썼다. 희망을 잃고, 슬픔을 느끼면서도 '시라는 완벽한 우리를 만들어' 실망과 비애를 가뒀다고 표현한다. 그런 덕분에 '프로스트는 쓰러지지 않았고, 그의 시들도 쓰러지지 않는다'라는 메리 올리버의 말에 나는 힘이 났다. '경험의 혼돈에 대항할 버팀목을 얻기 위해서' 그가 프로스트의 시를 읽듯 나는 메리 올리버의 시론을 읽으며 시의 길을 더듬고 나갈 막대기 하나를 얻었다.

손때 묻은 하얀색 시집 표지에 붙여놓은 글귀가 있다. '매일 노동했으며 가장 좋은 시는 숲에서 쓰였다. 그는 북구의 차가운 조용함 속에서 한 손에 도끼를 든 채 시를 썼다.' 울라브 하우게의 시집을 번역한 임선기 시인의 글이다. 차가운 겨울숲에서 나무를 패던 시인이 잠시 일손을 멈추고 호주머니 속에서 종이를 꺼내는 장면이 그려진다. 이 글을 읽고 울라브 하우게 시인을 존경하고 흠모하게 되었다.

나의 글도 '매일의 노동' 속에서 쓰였다. 살림 기술은 익숙해졌어도 반복되는 집안일에 종종거리며 산다. 갑자기 떠오른 생각을 잊어버릴까 봐 설거지를 하다가 고무장갑을 벗어던지기도 하고, 장 볼 목록 위에 후다닥 적은 문구를 나중에 알아보질 못해 끙끙대기도 한다. 독서 모임이 임박하면 스파게티 면을 삶는 10분도 아까워 냄비 앞에서 책을 읽는다. 임선기 시인은 울라브 하우게의 시를 '돌봄이라는 행위를 수반하는 언어 행위'라고 말한다. 땅을 일구고 과수원의 나무들을 돌보는 고단한 일상 가운데 쓰인 시는 담백하지만 깊은 울림으로 나의 일상도 감싼다. 그러고 보면 나에게도 가장 흡족한 글은 난장판 같은 책상 위에서 쓰였다. 식구들이 모두 잠든 밤, 결핍을 재료 삼아 글을 쓰며 나를 보살폈고 살림을 돌봤다.

시집 뒤표지에는 긴 고통의 흔적처럼 깊이 패인 주름과 웃음기 없는 표정의 시인 사진이 실려 있다. 언제나 나를 매혹시키는 푸른 색감의 사진을 오래 들여다본다. 사진 밑에는 이미 알고 있지만 매번 놀라며 뭉클해지는 글이 적혀 있다. 슬픔 속에서도 소박한 아름다움을 포착했던 로버트 블라이 시인의 글이다. 그의 시선으로 울라브 하우게 시인의 마지막 길을 뒤따르다 보면 슬프면서도 기운이 난다. 작은 등불 같은 시를 따라 다시 일상 속으로 뛰어들 용기를 얻는다.

하우게는 줄 것이 많은 사람이다.
그렇지만 그는 작은 스푼으로 마치 간호사가 약을 주듯 먹여준다.
그는 옛날 방식으로 죽었다. 어떤 병증도 없었다. 단지 열흘 동안 먹지 않았다.

슬픔과 감사로 가득했던 장례식은 어린 하우게가 세례 받은 계곡 아래 성당에서 있었다. 말이 끄는 수레가 그의 몸을 싣고 산으로 올라갔다.

작은 망아지가 어미 말과 관을 따라 내내 행복하게 뛰어갔다.

___ 로버트 블라이

2월 시처럼 오는 것들

《흰 눈》
공광규 시 / 주리 그림

《새들은 날기 위해 울음마저 버린다》
김용만

2월 계획안

여러분에게도 시처럼 다가오는 풍경이 있었나요?
어떤 말이 불현듯 시처럼 느껴진 적은 없었나요?
눈이 시처럼 오고, 나무와 바람 소리가
시의 노래가 되는 시집을 소개합니다.
가만가만 시어들이 마음밭에 내려앉아
'가지런한 새싹'으로 자라는 것 같은 느낌이
드실 거예요. 어느덧 시의 말들이
'쭉쭉 올라오는/ 확실한 사랑을(《그리운 것들은
땅에 묻을 일이다》) 꿈꾸게 되실 겁니다.
시가 내리는 풍경을 담은 시집과 그림책을
감상하며 시적인 일상을 기대해 봅니다.

○ 모임 준비

하나. '사각사각 필사의 기쁨'
1, 2부 중에서 고른 시 두 편을 필사한 후 사진을 찍어 공유해 주세요.

둘. 《흰 눈》그림책을 보고 떠오른 추억이 있다면 이야기를 들려주세요. 사진이나 그림 등을 곁들여 좋아하는 흰 꽃 이야기를 써 주세요.

○ 모임

1. '필사하는 시간'이라는 주제로 글을 써서 준비해 두셨다가 낭독해 주세요.(A4 반 장 이내)
2. 표제시 〈새들은 날기 위해 울음마저 버린다〉에 대해 각자 한 가지씩 질문을 뽑아 발표합니다. 시 한 편에서 나온 다양한 질문을 듣고 이야기를 나누어 봅시다.
3. '나에게 시가 내린 순간' : 일상에서 경험한 특별하고 감동적인 순간을 소개해 주세요.

○ 모임 이어가기

· 3, 4부 필사한 시 두 편 공유하기
· 2월 모임 후기 나누기

시처럼 다가오는 풍경들

소설에서 엿본
시적 순간

　　　　따스한 날들이 이어지던 2월, 뜬금없이 펑펑 눈발이 날리던 날이었다. 창밖으로 커다란 눈송이가 춤을 추듯 내리다가 몇 분도 안 돼 감쪽같이 자취를 감췄다. 책 몇 권이 여기저기 펼쳐진 채 놓여 있고, 컵과 텀블러, 연필과 메모지가 어지러이 놓인 책상을 치우던 중이었다. 쏟아지는 눈을 꼼짝없이 보고 있다가 다시 책상으로 눈길을 주는 순간, 방금 나를 훑고

간 것이 눈인지 시인지 묘한 기분에 휩싸였다. '눈이 시처럼 온다'고 쓴 김용만 시인의 〈폭설〉을 떠올리며 소름이 돋았던 것도 같다.

눈 온다
정말 시처럼 온다

뭘 빼고
더 보탤 것도 없다

넌 쓰고
난 전율한다

시는 그런 것이다
— 김용만, 〈폭설〉

2022년 한 해는 시가 내 삶을 폭설처럼 덮어버린 한 해였다. 저속하고 폭력적인 말들이 넘쳐나고, 온갖 쓰레기와 욕망의 잔해들이 널브러진 세상을 덮어버린 정결한 눈. 추위에 덜덜 떨면서도 압도적인 아름다움 속에 잠시나마 파묻히고 싶은 심정을 시가 대신 말해주고 있었다.

소설을 읽을 때도 어떤 장면은 시처럼 다가온다. 1년 모임을 모두 마무리하고 상실감에 힘들어하던 12월 어느 날, 서울에서 볼 일을 마치고 집으로 돌아가는 길이었다. 무거운 배낭을 메고 전철 안에서 40분을 서 있느라 몹시 지쳐 있었다. 터벅거리며 버스 정류장에 도착해 고개를 든 순간, 주홍빛 노을이 앙상한 나뭇가지들 틈새로 곱게 번지고 있었다. 소설의 한 장면이 생생하게 떠올랐다. 엘리자베스 스트라우트가 쓴 《올리브 키터리지》의 후속작 《다시, 올리브》에 나오는 구절이다.

나이 든 올리브가 시한부 삶을 사는 제자 신디를 찾아갔다. 신디는 춥고 눈이 오거나 비가 내려 눅눅한 2월의 날씨 속에서 바라본 2월의 햇빛은 '늘 비밀 같았다'고 회상한다. 침대에 누워 황량한 겨울나무를 가로지르는 햇빛을 보고 있던 신디는 그 순간을 '하루의 마지막 금빛이 세상을 여는' 순간이라 여긴다. 얼마 남지 않은 삶을 살면서도 2월의 햇살을 경이롭게 바라보며 삶의 의지를 끌어올리는 신디에게 올리브는 평생 잊지 못할 순간을 선물한다. 무뚝뚝하고 퉁명스러워 정다운 말투와는 거리가 먼 올리브가 그저 무심하게 툭 내뱉은 말이었지만 말이다.

"어쩜, 나는 늘 2월의 햇빛을 사랑했어." 올리브가 천천히 고개를 저었다. "어쩜." 그녀는 경외감이 깃든 목소리로 한 번 더 말했다.
"2월의 햇빛 좀 봐." ── 엘리자베스 스트라우트, 《다시, 올리브》

올리브의 말은 신디에게 시처럼 들리지 않았을까. 자기처럼 2월의 햇빛을 사랑하는 올리브를 바라보며 얼마나 벅찼을까. 소설에서 엿본 시적 순간이었다.

생의 의지를 북돋우는 햇살

김용만 시인에게도 생의 의지를 북돋우는 햇살이 있었다. 2월의 햇빛만큼이나 말간 가을햇살이다.

초가실 맑은 햇살 마당에 가득하다

저 햇살 몇 삽 담아
요양병원 어머니에게 가야겠다

병실 가득 눈부시게 깔아놓고

참깨 털고

고추 널고

호박 곱게 썰어 하얗게 널어야겠다

귀가 어두운 어머니와 바위에 앉아

해 지는 강물을 오래 바라봐야겠다

꼬들꼬들 호박고지 마르는 동안

___ 김용만, 〈호박고지 마르는 동안〉

평생 꿈꾸던 시골집을 마련하고 덜컥 아팠다는 시인은 '노동이 아름답다는데 나는 신물이 났다(〈귀향〉)'고 한다. 남들은 하루도 못 버티고 떠난다는 힘든 용접일을 삼십여 년을 하다 귀향한 그는 시를 쓰며 쓰리고 아픈 마음을 곧추세웠다. 가을 햇살 내리쬐는 마당에 앉아 요양원에 누워 계신 어머니를 생각하는 시인의 모습을 그려보다가 왈칵 눈물을 쏟았다. 친정집 마당에서 바삭하게 마르던 고추며 소쿠리에 정갈하게 담긴 무말랭이, 호박고지가 떠올라서다.

친정에 머무르는 날이면 허리와 무릎 통증으로 밤새 잠 못 이루는 엄마를 보며 무력감을 느끼곤 한다. 행간에 깃든 시인의 슬품을 헤아려보았다. 아픈 어머니를 위해 할 수 있는 것이 없어 가을 햇살이라도 몇 삽 담아 가야겠다니. 나는 무엇을 한 줌이라도 모아 펼쳐 드릴 수 있을까.

공광규 시, 주리 작가의 그림이 잘 어우러진 그림책《흰 눈》을 펼치면 봄에 피는 온갖 흰색 꽃들이 등장한다. 매화나무, 벚나무, 조팝나무, 이팝나무, 찔레나무 꽃잎들이 눈처럼 휘날린다. 할머니의 알록달록한 꽃무늬 바지는 흰 꽃을 더 돋보이게 하고, 할머니가 돌보는 초록 작물들 사이에서 흰 꽃들은 더 눈이 부시다. 그림책은 순결하고 고귀한 흰 빛을 향해 나아간다. 누구에게나 다가오는 색이자, 생의 가장 마지막 순간에 이르러 마주할 빛깔. 2월 모임에서 그림책 이야기를 나누던 날, 모임 단톡방에 한 장의 사진이 올라왔다.

"우리 동네엔 명품 벚꽃길이 있다. 엄마를 강원도에서 모시고 온 지도 햇수로는 4년째가 되었는데 매년 봄이면 이곳에 모시고 간다. 다리가 아프다고 하시지만 매년 함께 갈 수 있어서 행복하다. 한 해 한 해 걷기 힘들어하셔서 언제까지 이 벚꽃길을 함께 걸을 수 있을까 생각하면 서글퍼지지만 올해도 함께 걸을 그날만을 기다려본다."(박애라)

처음《흰 눈》을 읽었을 때의 감동이 그대로 되살아났다. 이미 중년의 나이에 접어든 딸과 머리에 흰 눈이 내린 어머님이 함께 벚꽃길을 걸으며 찍은 사진 한 장이 그림책만큼이나 아름다워 마음이 시큰거렸다.

김용만 시인의 시 속에 자주 등장했던 병상의 어머니와《흰 눈》의 주인공 할머니를 생각하면 가슴 한쪽이 아릿하다. 평생 가난과 고된 일상에 시달리다 적적한 노후를 보내는 얼굴에 드리워진 오랜 슬픔이 느껴져서다. 책 속에서 만난 시인의 어머니와 그림책 속 할머니 위로 친정엄마의 얼굴이 겹치고, 미래의 내 얼굴과도 포개진다. 병이 들어 쇠락하는 몸, 나이 들어가며 잃어가고, 시간이 흐를수록 멀어지는 것. 서서히 떠나가는 존재를 다룬 이야기는 서글프다. 조금씩 내가 닳아 없어지는 상상에 두려워진다. 상실의 신호가 당도해 슬픔이 밀려들 때 시는 우리를 위로할 수 있을까? 그림책의 따스한 장면이 우리를 보듬어 줄 수 있을까?

폭설처럼, 시처럼 다가오는
문장의 위로

　　　　　버스 정류장에 서서 노을을 바라보던 그날 저녁, 떠오른 장면이 하나 더 있었다. 일상적인 대상에서도 매혹되는 순간을 포착해 아름다운 문장으로 옮기는 데 능했던 노년의 정원사 마크 헤이머가 본 햇빛이었다. '햇빛이 헐벗은 나뭇가지들을 뚫고 들어오고, 그 나뭇가지들은 한동안 황금빛으로 빛난다'는 《두더지 잡기》 속 문장을 한 줄의 시처럼 읽었다. 황량한 겨울숲, 무덤덤한 시선 깊숙이 깃든 섬세한 시적 감수성에 놀라며, 올리브가 2월의 햇빛을 보며 내뱉은 감탄사를 나는 이렇게 따라 하고 싶었다.

"어쩜, 이런 시적인 순간이 너무 좋아!"

문득 고개를 들어 지는 해를 바라볼 때, 신디가 바라보았던 2월의 장엄한 햇빛을 기억하며 그날의 삶을 감사할 것이다. 2월의 애매한 추위에 웅크리고 걷다가도 마크 헤이머의 문장을 떠올리며 어깨를 펼 것이다. 그가 쓸쓸하고 황량한 겨울숲에서도 금빛 햇살이 깃든 나무에 감탄하며 지나온 삶을 기품 있게 회고했듯, 내 삶도 품위 있게 마무리할 수 있기를 기도할 것이다.

삶의 순간순간 맞닥뜨리는 슬픔에 휘청거릴 때 시처럼 찾아오는 책의 말들에 기대어 살겠다고 생각할 때쯤 노을이 한층 붉어졌다. 석양에 비친 겨울나무가 주홍빛의 따스함을 머금고 너른 품으로 나를 안아주는 것 같았다. 괜히 코끝이 시큰해져서 주머니를 뒤적여 휴지를 찾았다.

봄을 맞이하는 마음

3월

《다시, 봄》
장영희 글 / 김점선 그림

《시의 날개를 달고》
제니퍼 번 글 / 베카 스태트랜더 그림

* 추천 영화 〈조용한 열정〉

3월 계획안

'아, 3월님, 바로 저랑 이층으로 가요./
말씀드릴 게 얼마나 많은지요.'
에밀리 디킨슨이 봄에게 건네는 반가운 인사.
우리는 봄에게 어떤 인사를 건네 볼까요?

○ 모임 준비

하나. "안녕, 봄": 에밀리 디킨슨이 쓴 시처럼 우리도 봄에게 인사해 볼까요?
조금 다른 말투로 번역된 〈3월〉(MARCH) 시도 읽어보세요. 여러분이 상상하는 봄은 어떤 모습인가요? 봄에게 전하는 인사를 글(시)로 써 보세요. 그 글을 낭독한 후 회원들에게 전하는 안부 인사까지 함께 녹음해서 공유합니다.

둘. 《시의 날개를 달고》는 그림과 시의 언어가 조화로운 그림책입니다. 에밀리 디킨슨이 일상 풍경에서 찾은 시어들을 그림과 함께 감상할 수 있지요. 실제 삶에서 겪은 일을 시로 풀어내는 장면이 인상적인 그림책이기도 합니다. 현재 나의 상황, 감정에 와 닿은 구절이나 장면을 뽑아 이야기를 들려주세요. 해당 페이지 사진과 함께 글을 공유해 주세요.

○ 모임

1. 35쪽 시 〈삶은 작은 것들로 이루어졌네〉 시 이어쓰기를 해보겠습니다.
   1연을 여러분의 시어로 채워주세요. 삶의 범위를 좁혀 '봄'으로 바꾸어보겠습니다.

   봄은 작은 것들로 이루어졌네

   우리 삶을 아름다움으로 채우네.

2. 《다시, 봄》에서 가장 마음에 들었던 구절을 낭독해 주시고 선택한 이유를 들려주세요.
3. 우리는 3월을 보내고 있지만 '다시 한번 우리 마음에 오는 것이 무얼 의미하는지' 묻는 앤젤리나 웰드 그림크의 〈4월에〉라는 시에 마음이 머물렀습니다. 2022년 봄, 여러분의 마음에 오는 것은 무엇인가요?
4. 3월의 이름은 이런 것들이 있습니다.
   마음을 움직이게 하는 달(체로키족), 연못에 물이 고이는 달(퐁카족), 암소가 송아지 낳는 달(수족), 작은 개구리의 달(오마하족), 훨씬 더디게 가는 달(모호크족), 어린 봄의 달(무스코키족), 한결 같은 것은 아무것도 없는 달(아라파호족).
   여러분의 3월 이름을 지어주세요.

* 봄 풍경/ 봄의 소리/ 봄 날씨/ 봄의 색……. 한 주간 주위를 잘 관찰하며 채워보세요.

○ 모임 이어가기

'봄 시 배달' 4월을 맞을 준비를 합니다.
문태준 시집을 즐겨 읽습니다. 두 주 전쯤 새 시집《아침은 생각한다》가 도착하자마자 훌훌 넘기며 읽었지요. 그러다 갑자기 마음이 바빠졌습니다. 신기하게도 여러분의 얼굴이 하나하나 떠오르며 시들이 착착 줄을 섰습니다. 봄을 나누고 싶은 마음, 시를 선물하고 싶은 제 마음에 시집이 화답해주는 것 같아 눈물이 찔끔 나올 만큼 좋았고요. 상상이 되시나요? 저는 하려던 일을 밀쳐 두고 열심히 시집을 읽었습니다. 여러분을 생각하며 봄 시들을 고르는 시간, 행복했습니다. 그 시간은 여러분이 제게 주신 선물이에요.

다시, 봄에의 믿음

이런 시국에
시가 뭐라고

      2022년 3월, 완연한 봄기운 속에 세상은 어두운 소식으로 가득했다. 대선을 치르며 사람들은 여러 양상으로 대립하며 분열했다. 하루아침에 전쟁의 포화로 평범한 일상을 잃어버린 우크라이나 사람들의 모습을 실시간으로 지켜봐야 했다. 사상 최대 규모의 강원도 산불로 국민들 마음은 시커멓게 타들어 갔다. 안준철 시인의 말처럼 '봄이 딴마음 먹지 않고' 약속

대로 찾아와 준 것이 고마우면서도 기뻐할 수만은 없었다. 이런 시국에 시라니, 모임을 준비하면서도 마음이 욱신거리고 불편했다. 그럼에도 봄은 우리에게 희망이 되어줄까? 우리는 봄을 기뻐해도 되는 걸까? 대답할 수 없는 질문 앞에서 마음은 점점 위축되었다.

장영희 교수가 쓰고 김점선 화가가 그린 《다시, 봄》 속에는 열두 달 영미 시들이 수록되어 있다. 초록 잎사귀들 사이에 씩씩하게 피어있는 노란 꽃 세 송이가 그려진 표지에 잠시나마 마음이 환해졌다. 계절의 변화와 각 달의 특색을 염두에 두고 고른 시들을 읽다 보니 우울한 마음에 활기가 생겼다. 시의 힘을 다시 절감했다. 특히 〈3월〉이라는 시는 '그럼에도' 우리가 시를 읽으며 희망을 향해 나아가야 하는 이유를 찾게 해 주었다.

에밀리 디킨슨은 3월을 향해 달려나가며 온 마음을 다해 환영의 인사를 건넸다. 어서 오시라고, 오래 기다렸노라고 상기된 목소리로 봄을 반겼다. 다정한 시인의 인사를 읽다가 긴 겨울 끝에 서 있는 우리가 봄의 길목에서 만나는 장면을 상상해 보았다. 두 팔을 활짝 펴고 달려가 깊이 껴안는 모습, 서로의 이름을 부르며 손을 흔드는 모습을 생각하니 뭉클해졌다.

'한 달에 한 권 시와 그림책' 모임은 단체 채팅방에서 세 번 만나 과제를 수행한다. 3월 첫 번째 과제는 디킨슨의 시 〈3월〉을 낭독하고 안부 인사까지 녹음한 후 공유하는 것이었다. 목소리로 서로를 만나는 시간이었다.

시의
목소리

함께 모임을 하는 사람들에게 건네는 봄 인사. 미세한 떨림이 감지됐다. 다음 말을 잇느라 "어….'' 뒤에 이어지는 짧은 침묵. 친분이 있는 사람도 있지만 얼굴 한 번 본 적 없는 사람을 향해 휴대전화 녹음 앱을 켜놓고 혼자서 이야기하는 건 어색한 일이다. 이어폰을 끼고 플레이 버튼을 누르자, 따스한 온기를 머금은 상대방의 목소리가 내 속으로 흘러들었다. 경직된 마음밭을 촉촉하고 부드럽게 만들어 주었다. 시라는 씨앗을 콕콕 심어주는 것 같았다. 그제야 봄이 제대로 찾아온 듯 감격스러웠다. 무엇이든 피워올리고 싶었다. 3월 첫 주, 서로에게 시를 읽어주는 다정한 마음으로 어수선한 시국을 견뎠다.

  시는 하나의 언어지만 시를 읽는 사람들의 목소리를 타고 다양한 언어로 변주된다. 활자화된 시가 육성을 입는 순간 생명력을 얻어 다른 느낌의 시로 탈바꿈한다. 시를 소리 내어 읽을 땐

책 속에 누워 있는 시어들을 일으켜 세우는 느낌이 든다. 내 목소리에 귀를 기울이며 시 속 장면을 상상하면, 시가 묘사하는 대상을 좀 더 구체적으로 그려볼 수 있다. 촉각이 느껴지는 시어를 읽을 때는 몸을 꼼지락거리거나 부르르 떨기도 한다. 집중해서 시를 낭송하고 나면 차원이 다른 세상에 잠시 들어갔다 나오는 느낌이 든다.

처음 시를 낭송했을 때는 쑥스러워 목소리가 기어들어 가고 혀가 꼬여, 같은 구절을 대여섯 번 넘게 녹음하기도 했다. 그러다 멋지게 녹음하려는 욕심을 버리고 시인의 목소리를 상상해 보거나 시를 쓴 마음을 헤아리며 읽었다. 그러다 보면 나의 육성을 입은 시인을 마주하는 것 같아 경건해지기도 했다.

같은 시를 다른 사람의 목소리로 듣는 경험도 특별하다. 시가 고유한 목소리를 통해 울려 퍼질 때, 그 사람이 시가 되어 내게 다가오는 것 같아 초집중하며 듣게 된다. 이름만 알던 사이였는데 목소리를 들으면 와락 친근감이 생긴다. 화면으로나마 매달 얼굴을 마주하며 함께 시를 읽다 보면 특별한 관계가 될 수밖에 없다. 우리는 시와 그림책 이야기를 나누면서 시에 투영된 자기 이야기를 들려주었고, 날마다 분투하는 현실 속에서 자신을 돌보고 북돋우는 방법을 공유했다. 시집 한 권과 그림책 한 권이 우리 사이를 돌고 돌아 서로를 이어주는 끈이 되고 달의 시작과 마무리를 점검하는 신호가 되어준 덕분에, 우리는 계절의 순환에 감응하며 세심하게 시간을 다루는 사람이 될 수 있었다.

마침《다시, 봄》에 에밀리 디킨슨의 시가 실려 있어서 그의 이야기를 담은 그림책을 함께 보았다.《시의 날개를 달고》는 그림과 시의 언어가 조화로운 그림책이다. 사계절 풍경을 모두 담고 있기도 하다. 에밀리 디킨슨이 일상의 풍경에서 길어 올린 시어들을 그림과 함께 음미할 수 있다.

두 번째 모임 준비는 현재 나의 상황이나 감정에 가장 와 닿은 구절이나 장면을 뽑아 소개하기였다. 각자 고른 그림들이 단톡방에 올라오고 온종일 그림에 대한 감상이 오갔다. 그림책의 표지는 에밀리 디킨슨이 나비의 날개에 의지해 하늘을 나는 장면이다. 낫기 힘든 병으로 고통받을 때나 사랑하는 이들의 죽음으로 상실감과 슬픔 속에서 허덕일 때, 에밀리 디킨슨은 시의 힘으로 자신을 스스로 위로하며 삶의 의지를 끌어올렸다. 시의 날개를 달고 꽃들 사이를 누비고, 호박벌과 로빈새를 관찰하며 시를 쓰면서 현실 세계를 잠시 벗어나기도 했다. 자연의 신비와 아름다움에 경탄하는 모든 언어가 그의 시가 되었다. 시를 쓰고 읽는 동안 에밀리의 마음은 새싹처럼 움트고 생기로 반짝였다. 그의 시를 함께 읽으며 나도 봄을 환영하고 싶었다.

아직은
갈색의 봄

　　　　　3월이지만 눈앞의 풍경은 아직 겨울이다. 겨울과 봄을 동시에 봤을 때 밀려오는 독특한 계절감이 있다. 눈앞에 수북이 쌓인 갈색 잎사귀들 속에서 봄을 상상하는 건 연둣빛 새싹이 한가득 돋아난 봄 풍경을 직접 보는 것과는 다른 감동이 있다. 1월 시부터 12월 시까지 다 담은 시집을 읽으면 이제 막 도착한 봄이 더 경이롭지 않을까 생각했다. 방금 겨울을 지나왔고 이제 봄을 맞는 중이지만 봄은 찰나처럼 지나갈 터. 곧 여름이 온다고 생각하면 짧은 봄이 더 소중하고 애틋할 수밖에 없다. 만물이 생동하는 봄에 가을을 미리 그려보면 어떨까? 가을의 나는 무엇을 거두게 될지 미리 생각한다면 지금 내가 무엇을 부지런히 심고 일궈야 하는지, 봄을 대하는 자세가 달라지지 않을까?

　비가 촉촉이 내린 3월 초순의 아침, 집 근처 야트막한 산으로 산책을 하러 갔다. 양쪽 길에 낙엽이 수북했다. 참나무과의 다양한 나뭇잎들이 푹신할 정도로 깔려 있는데, 여느 해와 달리 그렇게 아름다워 보일 수가 없었다. 길쭉한 상수리나무와 굴참나무 잎사귀 테두리에는 미세한 톱니가 선명하고, 부드러운 물결 모양의 떡갈나무 잎들은 갈색 바탕 위에 군데군데 검은 반점이 있었다. 신갈나무 잎사귀의 이미 썩어들어간 자리에는 미세한 그물 같은 잎맥 흔적이 남아 있었다. 자세히 들여다보면 얼룩덜룩 지저분한 모양새여도 서로의 몸을 포개고 소중한 열매들을 품고 있는 것 같아 새삼 뭉클해졌다. 양지바른 길가에는 연둣빛 잎사귀들이 돋아나기 시작했지만 그늘이 드리운 숲 안쪽 나무들 밑은 아직 한겨울 풍경이었다. 과연 여린 새싹이 두꺼운 낙엽 이불을 들치고 고개를 내밀 수 있을지 걱정스러워 한참 들여다보다 발길을 돌렸다. 문득 '의지'라는 단어가 고개를 내밀었다.

다큐멘터리에서 빠른 화면 감기로 보여주는 식물의 성장 모습은 늘 경이롭다. 봄이면 산책하다 수시로 쪼그리고 앉아 감탄하며 새싹들을 들여다본다. 이리저리 고개를 뒤틀며 낙엽을 밀어 올리거나 어떻게든 틈 사이로 비집고 올라왔을 녀석들에게 인사를 건넬 수밖에 없다. 2022년, 참담한 봄을 아름답게 하는 것은 작은 새싹들의 의지일지도 모른다는 생각에 이르자 내 안에서도 어떤 의지가 솟구치기 시작했다. 여리디여린 녀석들도 애쓰며 생동하는데, 앉아서 한숨만 쉬고 있을 수는 없다는 마음이랄까. 나라 안팎으로 어려운 시기지만 낙심하게 될 때마다 기억하리라 다짐했다. 두툼한 낙엽을 제치고 솟아오르는 어린 잎사귀들의 생동하는 의지를.

기다림과 축적의 시간,
갈색의 시간을 견디는 법

갈색 숲을 볼 때마다 떠오르는 그림책이 있다. 《봄이다!》라는 발랄한 제목을 보고 기대하며 펼쳤다가 화사한 봄 풍경이 끝내 나오지 않아 당황했던 책이다. 꽃이 만발하고 연두에서 초록으로 번져가는 봄 풍경을 서서히 보여주려나 했는데, 마지막 페이지에 이르기까지 온통 갈색뿐인 그림책이라니.

씨앗을 심은 아이는 매일 갈색 땅을 바라보며 싹이 나기를 기다린다. 계속 들여다보고, 물을 주고, 말도 걸어보고, 돋보기로 땅을 들여다보기도 한다. 새가 씨앗을 먹어버리진 않을까, 곰이 와서 땅을 파헤치지는 않을까 노심초사하는 소년의 모습 속에서 조급해하는 내가 보였다. 땅 아래서는 지렁이와 들쥐, 개미들이 각자의 모습대로 제 할 일을 하며 부지런히 봄을 준비한다. 그리고 어느 날 거짓말처럼 하룻밤 사이에 세상은 온통 봄이다!

당시 그림책을 보면서 내가 통과하는 시간에 빛깔을 입힌다면 딱 그런 갈색일 거라고 생각했다. 일을 다시 하고 싶어 이런저런 시도를 해봤지만 마땅한 일자리가 없었다. 그저 책을 읽는 일이 중요한 일이라 여기며 매일 열심히 읽고 쓰고 독서 모임을 하는 수밖에 없었다. "그래서 돈은 언제 벌 건데?"라는 농담 섞인 말에 기운 빠지기 일쑤였던 시절.

 그림책에 등장하는 소년만큼이나 정성을 들여 책 씨앗을 심고 가꾸었다. 토마토, 당근, 완두콩 그림을 그린 팻말을 꽂아두고 날마다 씨앗을 돌보는 아이처럼 만나는 사람마다 세심하게 마음을 쓰려고 노력했다. 눈에 보이는 성과나 인정이 없어도 좋아서 하는 일이니 그거면 됐다고 자신을 위로하며 지낸 시간이었다. 《봄이다!》는 많은 가능성을 품은 갈색의 아름다움을 발견하게 해 주었고, 일하는 자세와 태도를 돌아보게 해 주었다. 지치고 힘들 때면 무슨 일을 하든, 반드시 거쳐야 할 '갈색의 시간'을 견디는 법도 가르쳐주었다. 이 그림책이 아니었으면 체념의 갈색 시간만 보냈을 것이다. '갈색은 여전히 갈색이지만 설레고 기대되는 그런 갈색'(줄리 폴리아노, 《봄이다!》)을 보지 못했을지도 모른다.

 지금도 수시로 '갈색 시간'은 찾아온다. 강의를 준비하며 나의 무지와 한계를 느낄 때, 원고 한 장을 마무리하지 못해 며칠 동안 끙끙댈 때면 갈색이 아니라 컴컴한 암흑의 시간 같기도 하다. 지금도 여전히 내가 기다리는 일―출간한 책이 증쇄를 거듭한다거나, 강의 요청이 쇄도한다든가, 강의를 열면 바로 마감되는―은 쉬이 일어나지 않는다. 나의 봄은 과연 무엇을 의미하는지조차 모를 때도 있다. 봄이 올 듯 말 듯 내내 갈색이거나 '얼음'

상태로 꼼짝 못 할 때도 있다.

그럴 때면 마지막 장에서 만난 봄을 떠올린다. 그 장면을 본 이상 나는 용기를 내어 봄을 향해 나아갈 수 있다. 분명히 보았다. 갈색 시간은 분명히 변한다. 다가오는 다른 빛깔의 시간을 더 기쁘게 맞으려면 스스로 "땡!"을 외치고서라도 꼼지락거려야 한다. 뭐라도 해야 한다. 내가 기다리는 무언가가 있다면 이름표라도 만들어 꽂아두고 매일 지켜봐야 한다. 어떤 일이든 갈색 시간을 생략할 수 없고, 건너뛸 수도 없다는 것. 그걸 인정하는 순간 힘이 생기는 것 같다. 잘 되는 사람들은 거저 된 것이 아니라 그럴 만한 이유가 있어서고, 사람들이 보지 못한 지난한 갈색의 시간을 잘 견뎌왔기 때문이라는 걸 이 그림책을 보고 인정하게 되었다. 갈색 시간은 인내하는 시간, 나의 정성을 축적해야 하는 시간이다.

우리에게
시는

3월 모임을 진행하며 이전에는 크게 감흥을 못 느끼던 그림책 한 권의 가치를 새로 발견하게 되었다. 마이클 베다드가 글을 쓰고 바바라 쿠니가 그린《에밀리》라는 작품이다. 마이클 베다드는 에밀리 디킨슨을 광범위하게 조사하는 동안 매사추세츠 암허스트에 있는 에밀리 디킨슨의 생가를 방문했다고 한다. 에밀리 디킨슨의 집 길 건너편에 사는 여자아이를 화자로 설정한 이야기 속에는 시에 대한 아름다운 정의가 등장한다.

어느 날 소녀의 어머니에게 에밀리가 보낸 편지 한 통이 도착한다. 편지에는 납작하게 말린 꽃과 피아노를 연주해 달라는 부탁이 들어 있었다. 엄마를 따라가기로 한 소녀는 설레는 마음으로 기다린다. '신비의 여인'이라 불리는 이웃이 시를 쓰기도 한다는 아빠의 말에 소녀는 묻는다.

"시가 뭐예요?"

꽃에 물을 주던 아빠는 시든 이파리를 손바닥 위에 놓으며 말한다.

"엄마가 연주하는 걸 들어 보렴. 엄마는 한 작품을 연습하고 또 연습하는데, 가끔은 요술 같은 일이 일어나서 음악이 살아 숨쉬는 것처럼 느껴진단다. 그게 네 몸을 오싹하게 만들지. 그걸 설명할 수는 없어. 그건 정말, 신비로운 일이거든. 그런 일을 말이 할 때, 그걸 시라고 한단다." ── 마이클 베다드 글, 바바라 쿠니 그림,《에밀리》

드디어 에밀리의 집에 가기로 한 날이 오고, 소녀는 백합 알뿌리 두 개를 선물로 들고 간다. 피아노를 연주하는 엄마를 지켜보던 소녀는, 몸이 아파 거실로 내려오지 못한다는 에밀리가 계단에서 연주를 듣고 있는 걸 발견하게 된다. 무릎에 놓인 종이를 보며 소녀는 그게 시냐고 묻는다. 에밀리는 "아니, 시는 바로 너란다. 이건 시가 되려고 애쓰고 있는 것일 뿐이야"라고 답한다. 이야기가 진행되는 동안 아이의 입에서도 시가 흘러나온다. "아주머니께 봄을 좀 가져왔어요."

시인을 만난 아이는 엄마의 연주를 들으며 '그것이 살아 숨쉬는 걸' 느꼈다고 표현한다. 이 그림책을 보다가 면지를 다시 펼쳐 보았다. 연필로 꾹꾹 눌러쓴 시인의 글씨가 살아 숨 쉬는 것 같았다. 시인의 삶을 다룬 그림책이지만, 내게 이 책은 시란 무엇인가에 대한 아름다운 정의를 담은 보물 같은 책이 되었다.

시모임을 하며 꿈꾸는 것이 하나 있었다. 함께 읽은 시집이 쌓이는 동안 우리 스스로 시에 대해 정의를 내려보는 것이다. 계속해서 시를 읽다 보면 순간순간 시란 이런 거지, 라는 말이 흘러나오지 않을까? 일상의 언어에서 찾은 나만의 시론은 얼마나 근사할까? 아이랑 대화를 나누다가, 혼자 산책을 하다가, 심지어는 마트에서 장을 보다가도 '시는 바로 이런 게 아닐까?' 하며 골똘히 생각하는 풍경. 누군가 갑자기 붙들고 "시가 뭐예요?"라고 물어본다면 우리가 들려줄 수 있는 말. 상대방의 눈높이에 맞춰서 들려줄 수 있는 정의.

예를 들면 시를 전혀 좋아하지 않는 사람에게 "시는 초대장 같은 거예요."라고 대답하거나, 혹은 어린아이가 자기가 하는 말이 시와도 같다는 걸 알아차리지 못할 때, "애야, 너는 시인이로구나! 어쩜 이렇게 예쁜 말을 생각해냈어?"라고 말해줄 수 있는 어른이 되는 것.

시적인 순간을 포착하는 사람, 시를 알아보고 말해줄 수 있는 사람, 시의 언어를 기다리는 사람이 되고 싶다.

평범한 일상에 피어나는 시의 언어들

4월

《거리에 핀 꽃》
존 아노로슨 기획 / 시드니 스미스 그림

《오랜 슬픔의 다정한 얼굴》
칼 윌슨 베이커

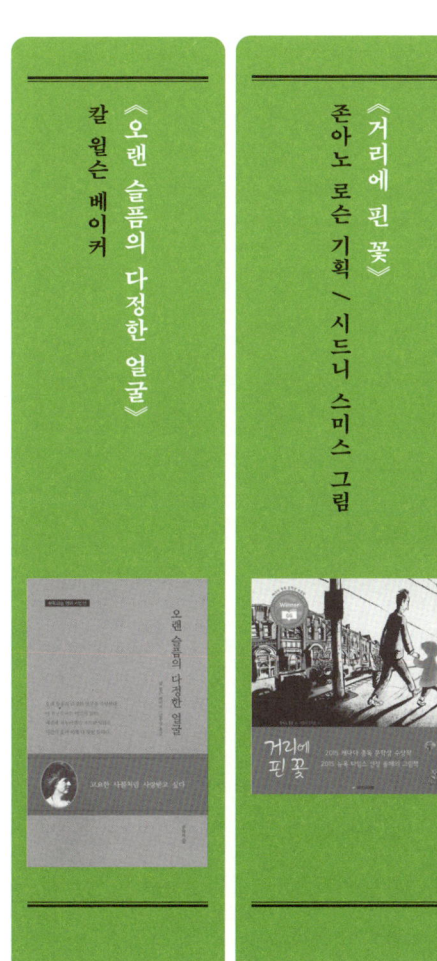

4월 계획안

슬픔과 다정함,
두 단어의 조합이 아름다운 시집을 소개합니다.
글 없이 그림만으로도 한 편의 시 같은 그림책도
함께 읽어요.

○ 모임 준비

하나. '당신을 위한 풀꽃다발'
《거리에 핀 꽃》의 소녀처럼 작은 풀다발을 만들어 '시와 그림책' 친구들에게 선물합니다.
개체 수가 많은 풀꽃들에 양해를 구하고 꽃을 모아보세요. '박카스' 병에 꽂아도 여느 꽃다발에 뒤지지 않는 아름다움을 지닌 풀꽃다발이 될 거예요. 사진을 찍어 공유합니다.
《거리에 핀 꽃》에 등장하는 소녀에게 다정한 인사말도 남겨주세요.

둘. '당신을 위한 시 한 편'
《오랜 슬픔의 다정한 얼굴》 시집을 들고 산책하세요. 인적이 드문 공원 벤치나 숲속 바위에 걸터앉아 가장 좋았던 시를 낭독합니다. 영상으로 찍어주시면 좋겠어요. 낭독할 때는 시집을 찍고, 낭독 후 주변 풍경을 보여주세요. 안부 인사도 남겨 주시기 바랍니다.

○ 모임

1. 74쪽의 〈나무〉와 114쪽의 〈완벽한 아내〉를 함께 읽으며 우리 안에 내재한 '이중적 혹은 양면적 가치와 이상'(74쪽 주석)에 대해 돌아보고자 합니다. 두 작품에 대한 단상을 글로 써서 발표해 주세요.
2. '평범한 것의 평범성을 비범하게 포착하는 능력'을 지닌 시인의 언어를 만나는 기쁨을 이 시집에서 누리셨는지 궁금합니다. 에마 미첼의 《야생의 위로》에는 새를 '깃털 달린 막대 사탕'으로 묘사하는 대목이 나오는데요, 이 시집에는 '깃털 달린 미스터 리'라고 표현하지요. 시집 곳곳에 평범한 사물, 늘 보는 풍경을 독특한 시선으로 포착한 시어들이 많습니다. 어떤 표현에 놀라셨는지 궁금합니다. 어떤 말이 여러분을 기쁘게 혹은 슬프게 했는지 소개해 주세요.
3. '고요한 사물처럼 사랑받고 싶다'라는 구절과 시인의 시선이 표지를 빛나게 해 준다고 생각합니다. 《거리에 핀 꽃》에 등장하는 아이는 작은 풀꽃으로 사랑을 전합니다. 4월을 보내며 여러분의 시선이 고요하게 머물렀던 사물은 무엇이었나요? 혹은 어떤 고요를 사랑하시나요? 〈고요〉 그 시선 안에 깃든 여러분의 마음은 어떤 마음인가요?
4. 여러분은 누구에게, 어떤 순간에 다정해지고 싶으신가요? 여러분의 '다정함'에 대한 이야기를 들려주세요.

○ 모임 이어가기

'나의 오랜 슬픔 혹은 오래 묻어 두었던 꿈에게 띄우는 편지'
가슴에 묻어 둔 오랜 슬픔이 있나요? 오래 간직해 온 꿈에게 미안한 적은 없었나요? 그런 나의 오랜 슬픔에게 다정한 편지를 띄워 주세요. 공유하고 싶은 분들만 나눠 주시면 됩니다. * 쓰는 건 필수

슬픔을 위로하는
다정한 봄의 얼굴

평범한 언어의
기발한 조합

4월 시집이 《오랜 슬픔의 다정한 얼굴》이어서 일까. 읽는 책마다 온통 슬픔과 다정함투성이였다. '슬픔이 다정하다고?' 시집을 처음 만났을 때 두 단어의 생경한 조합에 놀랐다. 처음 들어보는 시인의 이름은 칼 윌슨 베이커. 시인의 옆모습을 담은 사진 옆에는 '고요한 사물처럼 사랑받고 싶다'라는 말이 부제처럼 적혀 있었다. 어딘가를 응시하는 시인의 표정은 슬픔이 어려있기보다 차분하고 고요하고 단단해 보였다.

　울라브 하우게의 〈그다음엔 나는 슬픔이었다〉(《내게 진실의 전부를 주지 마세요》)라는 시에도 인상 깊은 구절이 나온다. 슬픔을 안고 동굴에 숨어들거나, 자만에 겨웠던 자신을 자책하며 어둠 속에 머물렀던 시인이 '그 다음에' 머문 곳은 제일 가까운 나무였다. 시인은 아침에 잠에서 깨어날 때마다 '소나무가 금실로 바늘잎을 꿰는' 모습을 지켜본다고 했다. 때때로 힘겨운 일들과 슬픔에 짓눌려 무기력하게 누워 있던 내 모습과는 다른 풍경. 눈부신 장면이었다.

　시인들은 나무와 특별한 친분을 보여주곤 한다. 칼 윌슨 베이커의 시집에도 나무 이야기가 자주 등장한다. '나무와 산책한 뒤 오늘 내 키가 조금 더 자랐다(〈벗〉)'라고 말하는 시인은 나무를 오랜 벗으로 여기고, '나는 나무들에게 시 한 편을 빚졌다(〈감사의 말〉)'라며 깊은 애정을 드러낸다. 특히 〈나무〉라는 시에서 '내 삶은 나무'라고 고백하면서도 실은 '내 초록 나뭇가지 위에' 앉아 노래하는, 자유로운 들새 한 마리가 되고 싶은 심정을 은근히 드러낸다. 폭풍우가 몰아쳐도 그 자리에 서서 견딜 수밖에 없는 나무 같은 자신과 '이생에는 둥지 틀지 않은 채' 자유로이 날개 펴고 노래하는 들새를 바라보는 시선에는 다정함보다는 슬픔이 어리어 있는 듯하다. 그럼에도 두 시인의 슬픔의 언어 사이에는 따스함이 깃들어 있다.

일상의 풍경 속에서
길어 올린 깊은 사유

〈아름답게 나이 들게 하소서〉로 알려진 칼 윌슨 베이커는 평범한 삶 속 일상의 아름다움을 문학적으로 형상화한 시인으로 알려져 있다. 출판사 책 소개에 따르면 칼 윌슨 베이커는 1900년대 초반, 미국 남부 텍사스의 남성 중심 사회에서 명성을 얻었던 몇 안 되는 여성 시인 중 한 명이다. '평범한 것에 담긴 영적인 생명을 담아내는 것이 시의 민주주의'라는 생각을 하고 있던 베이커는 나무, 꽃, 새, 골목길, 호수 등 평범한 일상에서 마주하는 풍경에서 비범함을 포착해 내며, 그 안에 깃든 영성, 그리고 인간이 궁극적으로 가야 하는 길을 탐구하는 글을 썼다고 한다.

《오랜 슬픔의 다정한 얼굴》은 칼 윌슨 베이커의 서정적이고 철학적 사유가 담긴 시와 산문을 소개하고 있다. 시집에는 '평범한 일상인이 겪게 되는 피곤함과 나날의 무게, 자유를 향한 염원'이 담겨 있거나 그런 일상에서 벗어나 자연, 특히 숲에서 경험하는 치유의 과정이 녹아 있다. 종교적 주제를 담고 있는 시뿐 아니라 우화 형식의 산문도 실려 있는데, 새를 관찰하며 쓴 글에도 일상생활에서 발견한 지혜와 통찰, 자연의 섭리와 치유력에 대한 믿음이 배어 있다.

그의 시에 등장하는 시적 대상은 우리도 흔히 볼 수 있는 일상의 사물, 언제든 산책길에서 마주칠 수 있는 존재들, 창문 너머로 흔히 볼 수 있는 풍경이다. 창문, 어둡기 전 보름달, 겨울 어스름, 슬리퍼, 별밤, 빗속 소나무, 뿌리와 꽃, 가을 단풍나무, 부드러운 비, 새 그림자. 목차에 실린 시 제목들만 봐도 시가 일상과는 먼, 특별한 세계를 다룰 거라는 편견을 벗게 해 준다. 이렇게 평범하고 사소해 보이는 것들이 시인의 손을 거쳐 기발한 언어의 조합으로 다시 태어나는 것을 보는 게 시집을 읽는 즐거움이기도 하다.

시인이 살았던 시대는 아내와 엄마 역할 이외에 다른 일을 하는 여성을 탐탁지 않게 보던 시대였다. 가정주부로서의 일상과 문학적 성취에 대한 욕망 사이에서 포기하지 않고 써낸 시들이라 더 공감하며 읽었다. 시인이 살았던 텍사스의 작은 마을에서 살림과 글쓰기, 두 가지를 다 해내고자 노력한 베이커를 기리며 쓴 강수영 번역가의 글도 참 좋았다.

그러나 아무리 보잘것없는 존재라도 모든 인간은 아름다움을 향한 깊은 욕구를 갖고 있다고 그녀는 믿었다. 레이스 한 조각, 농장 아낙의 치마에 달린 리본, 낡은 기름통에 담긴 꽃. 이런 것들은 바로 아름다움을 향한 인간적 열망을 표현한다고 생각했다. 아주 어려서부터 글쓰기에 대한 열정이 남달랐던 칼은 글을 통해서 이렇게 소박한 것들이 갖는 미적 차원을 기록하려고 애썼다. 그녀는 일상의 아름다움을 늘 경험하고 있으면서도 언어나 예술로 표현할 수 없는 뭇사람들을 위해 평범한 삶 속의 아름다움을 문학적으로 형상화했고 그러려고 노력했던 작가로 기억될 수 있을 것이다."

__강수영, 〈칼 윌슨 베이커(1878~1960)의 생애와 시 세계〉, 《오랜 슬픔의 다정한 얼굴》

〈내 마음의 무게〉라는 시를 읽으면서 나의 일상과 겹치는 한 장면이 떠올라 얼마나 마음이 시큰거렸는지 모른다. '마음이 하늘로 날아올라 멋대로 나다니는 걸 막지 못하면' 집안이 금세 엉망진창이 되는 현실. '집안에 먼지가 쌓이고 미처 손질 못한 셔츠들이 뒹군다'라는 구절에서 울컥. 그래서 '가능하면 내 마음을 땅에 가깝게 두려고 한다'라는 화자의 목소리가 내 마음의 소리처럼 들렸다. 시를 읽다 자주 눈시울이 붉어지는 이유는 현실과 이상 사이에서 갈 곳을 몰라 방황하는 마음을 누군가 알고 있다는 데서 오는 위안일 것이다. 맘껏 펼치지 못한 마음을 접어두고

'자잘하고 진부한 일상과 꽈배기 같은 재미에 몰두'하며 시로 승화시키는 모습을 보며, 나의 일상도 그렇게 돌보고 싶어졌다. 평범한 날들 속에서도 부지런히 읽고 쓰며 아름다움을 수집하고 싶은 나에게 이 시집이 특별히 고마웠던 이유이기도 하다.

 사진 속 시인의 시선이 가닿는 곳에 내가 앉아 있는 상상을 하면 뭉클해진다. 〈가정주부 : 겨울 오후〉라는 시를 읽으며 창틀 위에 앉아 있는 고양이와 함께 '집안을 고요히 채우는 작은 소리들'에 가만히 귀를 기울이는 시인을 떠올릴 때도 그렇다. 그 시선이 마치 나를 깊이 보듬어 주는 것 같았다. '푸른 찻주전자가 향기로운 증기를 뿜어내듯이.'라는 표현에 밑줄을 긋고 천천히 부엌의 풍경을 상상해 보기도 했다. 그런 순간이야말로 시의 표현대로 '우리 몸은 섬세하고 풍성한 꿈'을 꿀 기회를 다시 얻는 길이었을까.

나에게 시는
푸른 연기 같은 것

    시집 속에서 내 감정을 마주하는 시간도 좋지만 어떤 삶을 지향할 것인가에 대한 고민도 유익하다. 삶에 대한 통찰이 드러나는 '고요한 사물처럼 사랑받고 싶다', '내 숨이 멈출 때', '대안', '내게 행복이란', '대답하는 법', '곱게 나이 들고 싶다'라는 시의 제목만 봐도 느껴지는 게 많다.

시를 읽는 건, 중요한 질문과 마주하며 어떻게 살아야 할까, 왜 사는가에 대한 답을 찾는 행위이기도 하다. 칼 윌슨 베이커는 정원의 나뭇잎을 긁어모아 태우는 '일'을 하면서도 기도하는 마음으로 시를 썼다. 낙엽이 타들어 가듯 '내 생명의 불꽃이 낮게 타고 있다'라고 표현한 〈푸른 연기〉를 읽다 보면 오랜 슬픔에 지치고, 글을 쓸 시간이 없어 낙담한 시인 얼굴이 보이는 것만 같다. 하지만 시는 이렇게 이어진다. '어수선한 일상에도/ 언제나 한 줄기 작고 달콤한 푸른 연기가/ 신을 향해 피어오른다'라고.

아무것도 아닌 것 같고 무의미해 보이는 일상의 행위를 시로 승화시키는 시인의 태도를 닮고 싶다. 그런 시를 쓸 수 없는 나는 부지런히 시를 읽는다. 내 삶에도 의미를 남기고 싶어 기도하는 심정으로 시집을 펼친다. 나에게 시는 푸른 연기 같은 것. 무채색의 일상에 신비로운 무늬를 남기고 싶어 푸른색 잉크 만년필로 시를 필사한다. 푸른빛으로 쓰인 시가 내 삶에 은은히 스며들기를 바라며 마음 깊이 새긴다.

그 반짝이는 순간들을 그냥 흘려보내지 않고 붙드는 연습을 해야 한다. 소중히 보듬어 가슴에 새겨 넣고 글로 기록해 두었으면 좋겠다. 그런 성의 있는 행위는 삶이 힘들고 고통스러울 때 분명 힘이 된다. — 이화정, 《함께 읽어 서로 빛나는 북 코디네이터》

4월 마지막 주 수요일. 새로 시작한 북 코디네이터 강의를 마치고 노트북과 시집을 챙겨 자주 가는 카페에 갔다. 달콤한 솔티캐러멜라떼를 천천히 마시며 이 글을 어떻게 시작할까 고민하고 있을 때 단체 채팅방에 글이 올라왔다. 엄마, 전업주부, 워킹맘, 프리랜서, 기혼, 비혼, 어떤 이름이든 우리가 여성으로 살아가는 동안 켜켜이 쌓인 슬픔과 회한들이 묻어나는 글들. 그럼에도 무언가 다시 시작하며 자신에게 기회를 주고 싶어 모인 사람들의 사연들. 어떻게든 자신의 심정을 표현하려고 애쓴 흔적이 담긴 글들을 읽다가 뭉클해졌다. 에구, 오랜 슬픔의 다정한 얼굴이 여기에도 우르르 모여 있네!

좋아해서 시작한 독서와 글쓰기가 작가와 강사로서 해야 하는 '일'이 되었을 때, 보란 듯이 돈을 벌게 된 것은 기뻤다. 치열하게 읽고 쓰는 동안 경제적 쓸모와 연결돼야 한다는 압박을 벗은 것도 후련했다. 하지만 돈이 주는 무게와 책임감이 만만치 않아 지나치게 혹사한 탓에 정작 읽고 쓰는 본연의 기쁨을 잃기도 했다. 모든 일에 매진해야 한다는 강박으로 지치고 버거울 때 시를 읽었다. 부족한 시간에 잠시 숨을 고르기 위해 절박한 심정으로 펼칠 때도 있었다. 짧은 문장, 가벼운 무게, 시원한 여백이 좋아서. 여운이 길게 남는 시는 여러 번 반복해 읽었다. 퍽퍽해진 마음에 기름칠하듯 천천히 읽었다.

　함께 읽고 글을 쓰며 마음을 나누는 동안 피어나는 다정함은 나에게 얼마나 큰 힘이 되었는지. 책의 제목처럼 빛나는 그분들의 글을 보며 울라브 하우게 시가 다시 떠올랐다. '그다음엔 나는 슬픔'이었지만 또 그다음엔 금빛으로 반짝이는 나무들처럼 그들의 일상도 빛났으면 좋겠다.

슬픔이
힘이 될 수 있을까

　　　　　연두와 초록으로 덮인 창밖을 쳐다보느라 글을 쓰기 힘들었던 4월, 산벚꽃 나무는 미세한 바람에도 세심한 몸놀림으로 우아하게 춤을 추었고, 상수리나무는 녹두 빛 꽃술을 매단 채 너울너울 봄기운을 만끽했다. 그 모습이 평화롭고 아름다워 미소를 짓다가도 그토록 생기 넘치는 봄의 표정이 세상의 슬픔과 고통에 대비되어 입을 꾹 다물어버리곤 했다. 이제 곧

가느다란 바람결에도 상수리나무 꽃술이 떨어져 내릴 것이다. 무심하게 툭툭, 눈물처럼. 무상하게 여기던 그 풍경을 올봄은 어떤 마음으로 지켜보게 될까.

이문재 시인은 '우리를 힘들게 한 것', '우리의 힘을 빠지게 한 것들'이 '어느덧 우리의 힘이 되지 않았는가(《오래 만진 슬픔》)'라고 했다. 그렇다면 우리를 슬프게 한 것들은 우리에게 무엇이 될까?

글을 마무리하지 못한 채 노트북을 챙겨 여행길에 오른 4월 마지막 주말. 강원도 평창군 진부면의 한 마을을 지나던 중이었다. 부드럽고 순한 봄빛이 흐드러진 야산 풍경을 보다가 문득 저 산이 내게 다정한 얼굴을 보여주고 있는 것 같다는 생각을 했다. 탄식처럼 자꾸 이런 말이 튀어나왔다.

"저 숲 좀 봐, 색깔이 어쩜 저럴 수 있지? 어떻게 저런 모습이냐고."

올라브 하우게 시인이 슬픔 다음에 찾아온 '금빛으로 빛나는 소나무'를 보고 느꼈던 게 이런 기쁨이었을까. 칼 윌슨 베이커가 나무를 바라보던 시선의 다정함이 이런 거였을까. 하지만 이내 집으로 돌아오는 고속도로 위에서 그 다정함과 기쁨은 사그라졌다.

연분홍, 연초록, 연갈색, 유난히 돋보였던 하얗고 가느다란 자작나무와 연둣빛 여린 새순들. 아기자기하고 다정다감하게 느꺼지던 마을의 야산 풍경과 달리 고속도로를 달리며 마주한 숲의 풍경은 아름답지만은 않았다. 왕복 3차선 도로를 내느라 양쪽으로 갈라진 숲, 터널을 뚫겠다고 뭉텅 나무들을 뽑아 벌거벗은 몸처럼 보이는 황량한 갈색 땅, 파헤친 땅과 뚜렷한 경계를 보이며 유난히 더 빛나 보이던 연둣빛 아기 나무들. 미안하고 안쓰러웠다. 싱그러운 초록빛 아름드리나무들 사이로 연분홍 솜사탕처럼 박혀 있는 산벚꽃나무. 연두와 초록의 다채롭고 환상적인 빛깔들. 휙휙 지나치는 봄 풍경은 조화롭고 평화로웠다. 인간이 만들어 내는 풍경만 황량할 뿐이었다.

그제야 오랜 슬픔의 다정한 얼굴이 어떤 의미인지 어렴풋이 알 것 같았다. 아무리 부수고 자르고 깎아내고 파헤쳐도 어떻게든 다시 제 표정을 되찾아가는 것. 아무리 고통스럽고 아프고 기가 막혀도 본래의 제 모습을 기억해 다시 지어내는 것. 봄의 풍경이, 여리고 순하면서도 강인한 봄 숲의 표정이 시인이 말한 오랜 슬픔의 다정한 얼굴 같다고 생각하는 순간, 눈물이 핑 돌았다.

4월은 슬픔을 견디는 달이었다. 2022년 4월은 특히나 그랬다. 세월호 8주기, 우크라이나 전쟁, 대선 후유증, 대형 산불과 끊이지 않는 인재, 물가 상승으로 팍팍해진 살림살이까지. 온통 참담하고 우울한 소식이 많은 달이었다. 자고 일어나면 예기치 않은 소식들에 가슴이 오그라들고 한숨이 절로 나올 때, 봄은 묵묵히 제 할 일을 열심히 하고 있었다. 어쩌면 여느 해보다 더 열심이었는지도 모르겠다. 슬픔을 견디는 많은 이들을 위로하고 싶어 저토록 다정한 봄빛이 우리 앞에 찬연히 빛나고 있었는지 모른다.

이 글의 수정교를 마무리하며 이문재 시인의 〈오래 만진 슬픔〉을 다시 펼쳤다. 힘들게 하고 힘 빠지게 한 것들이 어느덧 힘이 된다는 말이 좋아 이 시를 아껴 읽었는데, 이젠 다른 구절이 더 좋아질 것 같다. 어떤 슬픔은 오래 만지고 '지갑처럼 가슴에 지니고 다녀/ 따뜻하기까지 하다'고 시에는 적혀 있다. 어쩌지 못하는 슬픔을 만나면 나는 어떻게 할까 곰곰이 생각하다가 그냥, 확 끌어안고 오래오래 등을 쓸어주어야겠다고 결심했다. 오래 쓰다듬고 오래 껴안고 있는 사이 따끔하고 시린 내 슬픔도 조금은 무뎌지고 미지근해지기를 바라면서.

**작은 풀꽃다발 같은
시를 건네며**

2023년, 다시 새봄을 기다리며 칼 윌슨 베이커

의 시집과 곁들여 읽은 그림책《거리에 핀 꽃》을 다시 펼쳤다. 책에 나오는 아이는 아빠와 함께 도심 속을 걸어가는 동안 눈에 잘 띄지 않는 장소에 핀 작은 풀꽃을 따 모은다. 보도블록 가장자리, 갈라진 벽의 틈새 등 구석구석 피어있는 꽃을 모으는 아이는 시인의 마음과 닮았다. 다들 바쁘게 스쳐 지나가느라 보지 못하는 아름다움을 관찰하고 수집한다. 그리고 아낌없이 나눈다. 공원을 지나가다 발견한 죽은 새에게, 오는 내내 모은 꽃다발에서 몇 송이를 골라 살포시 덮어준다. 주인이 이야기를 나누는 동안 무료하게 앉아 있는 개의 목줄에 꽃을 꽂아주기도 한다. 살림과 육아로 분주한 엄마 머리에 꽃을 장식해 주고, 유모차에 잠들어 있는 동생에게도 꽃을 선물한다. 그리고 마지막 장면, 자신에게 주는 것도 잊지 않는다. 그림책 속 아이는 내게 시적인 존재다. 그 아이를 따라 하고 싶다. 작은 풀꽃다발 같은 시를 손에 가득 쥐고 사람들을 만나 나눠주고 싶다. 오랜 슬픔에 지쳐 있는 이에게 시 한 편 건네면, 잠시 잊고 있던 다정한 미소를 되찾을 테니.

'당신을 위한 풀꽃다발'을 만들고 사진을 찍어, 서로에게 선물했던 지난해가 떠오른다. 정성껏 풀꽃다발을 만들면서 이건 누구를 줄까, 행복한 고민을 했던 시간. 올해도 부지런히 제비꽃과 민들레, 냉이꽃과 꽃마리를 찾아다녀야지. 올해는 그림책《오렌지색 여우 페리보》의 한 장면을 소개해야겠다. 다정한 여우 페리보가 한눈에 반한 토끼를 하염없이 기다리며 누워 있던 장면, 아 벌써 울컥. 아무리 기다려도 오지 않는 토끼를 생각하며 슬프기도 했을 텐데, 자기 몸에 눌려 있던 풀들에게 일일이 미안하다고 인사하는 페리보는 어쩜 그리 상냥하고 다정한지. 나는 풀꽃에게 뭐라고 인사를 하지? 작고 여린 연파랑 꽃잎들이 시처럼 피어나는, 내가 제일 좋아하는 꽃마리. 나의 평범한 일상을 반짝이게 해 줄 작고 다정한 나의 풀꽃을 어서 만나고 싶다.

아무것도 아닌 것과 모든 것 사이

5월

《아무것도 아닌 것》
쇠렌 린글 글 / 한나 바르톨린 그림

《아무것도 안 하는 날》
김선우

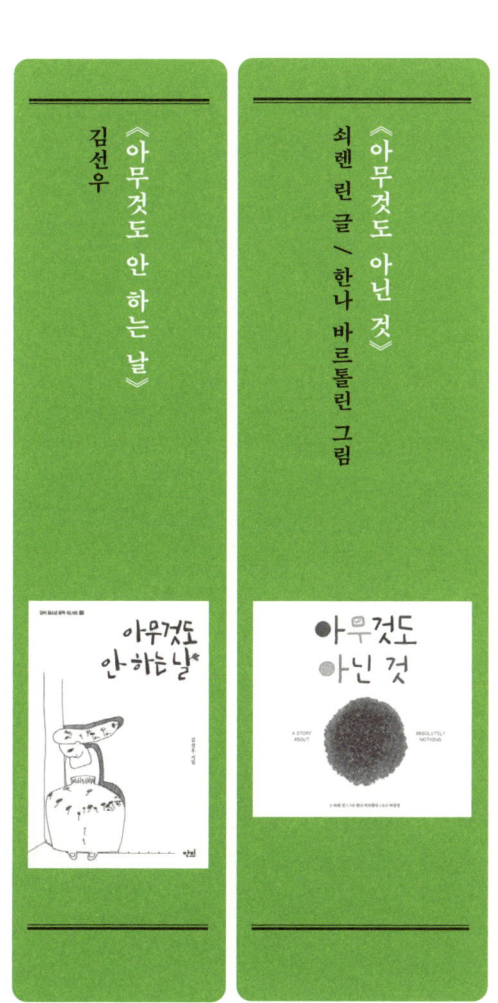

5월 계획안

아무것도 아닌 것이라는 말에 어떤 말부터 떠오르시나요?
아무것도 안 하는 날에 대해 어떻게 생각하세요?
아무것도 안 하는 날이 더 중요할 수 있고,
아무것도 아닌 것이 더 소중하다는 것을 보여주는 시와 그림책을 만나보세요.

○ 모임 준비

하나. 《아무것도 안 하는 날》에는 어른으로서 우리를 점검하고 돌아볼 지점이 많습니다. 4월의 시집에 이어 슬픔에 대한 시 한 편이 유독 와 닿았습니다. 〈슬픔을 대하는 지혜〉를 함께 읽고 이야기 나눠요.
"○○○을 대하는 지혜 혹은 자세" 슬픔 말고도 빈칸에 들어갈 만한 단어는 무엇이 있을까요? 부끄러움, 회한, 희망, 다짐 같은 말을 넣어보면 어떨까요? 여러분은 어떤 말을 채우고 싶으신가요? 시 한 편과 빈칸에 들어갈 말을 공유해주세요.

둘. "아무것도 아닌 것은 없다" 일주일간 매일 관찰하고 기록하기(예 : 식물 아기 잎이 나는 과정, 아이가 책 읽을 때 버릇, 반려동물의 특정한 행위, 매일 지나다니는 길, 남편의 뒤통수, 늘 앉아 있는 자리에서 보이는 창 풍경, 손톱, 매일 보는 나무의 가지 하나 등). 아무튼, 일주일은 눈에 불 켠 듯 바라보며 활동지를 채워주세요.

○ 모임

1. 《아무것도 안 하는 날》의 시들 중에서 가족에게 읽어주고 싶은 시를 골라봅니다.
   ─자녀에게/ 부모님께/ 남편에게 (가족 이외의 사람에게도 괜찮습니다)

   * 대표로 한 편만 낭독해 주세요. 모임에서 연습 후 실제 당사자에게 낭송하는 영상 혹은 녹음 파일을 보낸 후 인증 사진을 남겨 주세요.

2. "무슨 일 있어?", "왜 그러는데?", "아무것도 아니야."
   이런 대화를 나눠본 경험이 있으시지요? '아무것도 아닌 게 아니었던 것, 혹은 말하고 싶었던 모든 것, 반드시 이야기했어야 하는 어떤 것'을 종이에 적어 봅니다.
   그림책 《아무것도 아닌 것》의 마지막 페이지를 다시 한번 봐 주세요. 그림책처럼 A4 종이에 구멍을 뚫어주세요.(동그라미의 위치, 크기는 원하는 대로 해 주세요) 그 구멍으로 숨어 있던 '아무것도 아닌 이야기'가 '무엇'이 되는지 함께 들여다보겠습니다. 모임에서는 내용까지 발표하지 않으셔도 됩니다. 써 보면서 느꼈던 점, 쓰고 난 뒤의 변화 등에 대해 나눠주세요.

3. 김선우 시인은 청소년들이 좀 더 친근하게 시를 만났으면 하는 바람을 시집 곳곳에서 드러냅니다. 어른의 관점으로 보더라도 이 시집은 과거의 나, 현재의 나, 미래의 나를 떠올리며 읽게 되는 시들이 많습니다. 여러분 자신을 위한 시 같아서 마음에 깊이 새겨두고 싶은 시가 있었다면 소개해 주세요.

○ 모임 이어가기

《아무것도 안 하는 날》에 나오는 한 구절은 자꾸 따라 말하고 싶을 만큼 기분이 좋아집니다. 속이 뻔한 어른들의 질문에 자기 꿈은 '인생의 모든 단계에서 행복하게 살기'라고 '명랑하게' 말하는 장면이지요. 여러분은 지금, 어떤 단계에서 무슨 행복을 누리고 싶으신가요? 어떤 시간의 행복, 어떤 장소의 행복, 어떤 사람과의 행복, 어떤 달의 행복, 어떤 방식의 행복. 뭐라도 좋습니다. 여러분의 행복을 나눠 주세요!

모든 곳에 존재하는 모든 것의 시

이런 게 시라고?

시의 세계는 뭔가 심오하고 거창할 것 같다는 선입견을 단숨에 무너뜨린 시집이 있다. 김선우 시인의 《아무것도 안 하는 날》이다. 다 읽자마자 맨 앞장에 '통째로 외우고 싶다'라고 썼다. 이 시집을 읽다 보면 단순하고 쉬운 문장 속에 깃든 간곡한 마음이 느껴진다. '너는 뭘 할 때 행복하니?', '너는 무슨 공부를 하고 싶니?', '어떻게 너를 아끼고 사랑해 줬으면 좋겠니?'라는 질문들만 봐도 아이들을 대변하고 싶은 시인의 마음을 알 수 있다. 솔직하게 속내를 드러낸 말들이 쏟아지는 시를 읽다 보면 어른인 나도 속이 다 시원해진다. 이 책을 이야기할 때 제일 먼저 소개하는 시는 〈우리 집에 왜 왔니〉. 우리가 익히 아는 동요를 깔아두고, 공부 타령을 하는 어른의 반응을 살피는 귀여운 개구쟁이가 연상되는 시다. 시를 읽으면 사람들은 깔깔 웃는다. '이게 정말 시라고요?' 하는 표정을 짓는다. 시가 부담스럽고 어렵다는 사람들을 시모임에 초대할 때 즐겨 소개하는 이유다. 시는 즐겁고 유쾌할 수 있다. 웃겨도 된다.

무의미에 저항하기 위해 읽는 시

5월 중순을 지날 무렵 창밖의 신록은 눈이 부시다. 상수리나무의 잎은 마른 헝겊을 들고 일일이 닦아놓은 것처럼 매끈한 자태를 뽐내고, 조롱조롱 매달린 잎들은 바람이 불면 일제히 춤추듯 흔들린다. 한순간도 멈춰 있지 않고 움직이는 생명을 마주하고 있다는 건 벅찬 일이다. '살아 있구나, 나무도 나도. 그러니 이렇게 생생한 감각으로 나무의 존재를 느끼고 있는 거겠지. 살아 있네 살아 있어, 사르락 사샤샥.' 나뭇잎들이 서로 부딪히며 내는 소리를 듣다 보면 시간이 훌쩍 흐른다. 시간이 소리를 내며 흐른다면 딱 그런 소리가 날 것이다. 햇살은 나뭇잎을 간질이고 바람까지 가세하면 나무는 생명의 환희에 온몸을 부르르 떤다.

나무와 바람과 햇살이 어우러져 춤을 추는 날이면 얼른 짐을 싸 들고 방을 나서야 한다. 온종일 쳐다볼 수도 있기 때문이다. 나무의 생기 넘치는 모습에 덩달아 기운이 나기도 하지만 수시로 마음은 가라앉는다. 열심히 사는 사람이라고 자부하다가도 어떤 날은 거짓말처럼 삶이 허망하게 느껴진다. 오늘도 어제와 똑같은 일을 반복해야 하는구나 싶어, 시작하기도 전에 진이 빠지거나 한없이 무력해지는 날이 그렇다. 열정이 넘치고 성실하다는 말을 듣는 내가 아무것도 하기 싫고 모든 것이 무의미해질 때 특별 처방전 같은 책을 찾아보곤 한다.

파커 J. 파머는 '자기 삶에 좀처럼 의미가 없다고 느낀다면, 타인이 나를 아무리 너그럽게 품고 안심시켜줘도 별 소용이 없다는 것을 우리는 잘 안다'라고 썼다. 그래서 '삶의 의미를 묻는 질문에 우리는 스스로 답해야 한다'라고 말했다. 80년의 세월을 사는 동안 누구보다 의미 있는 삶을 살았다고 자부해도 될 만한 사람이 쓴 글에 고개를 갸우뚱했다. 그렇다면 나 같은 보통 사람은 어떻게 내 삶의 의미를 찾아야 하나 고민이 되었다. 그는 체스와프 미워시의 〈사랑〉이라는 시를 읽고 이렇게 썼다.

> 그 시를 읽고 또 읽으면서, 나는 '내 삶에 의미가 있는가?'라는 질문을 아무리 곰곰이 되씹는들 어떠한 결론에도 이르지 못한다는 것을 알게 되었다. (중략) 그러나 이것만큼은 안다. 내가 태양이 아니라는 것을 이해하기만 하면, 햇빛을 가로막으면서 그림자를 드리우는 일을 멈출 수 있다는 것. 한 발짝 물러나서 햇빛이 모든 사람과 만물을 비추도록 할 수 있다는 것. 그래서 생명의 빛으로 만물을 무르익게 할 수 있다는 것. 바로 이것이 미워시가 말하는 사랑의 궁극적인 정의라고 나는 생각하며, 그런 풀이는 큰 도움이 된다. — 파커 J. 파머, 《모든 것의 가장자리에서》

나는 미워시의 시가 궁금했다. 시 한 편이 인생의 의미라는 중대한 질문에 대한 답을 찾아가는 데 이렇게 영향을 끼쳤다면 그 시를 달달 외워서라도 그 '의미'라는 것을 찾고 싶었다. 하지만 '사랑은 나를 바라보는 법을 알려준다'라는 구절로 시작되는 미워시의 시는 위대한 일을 하는 사람은 정작 자신이 하는 일을 모르는 법이라는 말로 끝맺는다. 누군가의 지혜에 기대어 확실하고 또렷하고 구체적인 인생 문제의 답을 얻고 싶어 할수록 결국 남는 진실은, 그 답은 그의 것일 뿐 내 것은 될 수 없다는 고백이다. 그저 사는 동안 반복적으로 마주하게 될 질문 앞에서 그때그때 내 힘으로 답을 찾아보는 수밖에.

시인의 시선을
따라가 보면

한때 '아무것도 아닌 것'이라는 말에 꽂혔다. 그 말의 의미를 설명한 구절이나 무의미에 대항하는 작가들의 분투기가 담긴 이야기를 차곡차곡 모았다. 처음 시작은 《샬롯의 거미줄》에서 돼지 월버가 숨차게 이야기하는 구절이었다. 무녀리(한배 새끼 가운데에서 맨 먼저 태어난 새끼) 돼지인 윌버는 농장 동물들에게 너무 작고 약해 쓸모가 없다고 무시당한다. 아무것도 아닌 존재와 다름없어서 죽을 뻔한 윌버에게 새끼 양이 '나한테 돼지는 아무것도 아닌 것만도 못하다'라고 말하자 윌버는 되묻는다.

아무것도 아닌 것만도 못하다는 게 무슨 말이야? 아무것도 아닌 것만도 못한 것은 없다고 생각해. 아무것도 아니라는 건 정말로 아무것도 없다는 거야. 그건 가장 밑바닥을 말하는 거지. 한계선의 끝이라고. 어떻게 무언가가 아무것도 아닌 것보다 못할 수가 있지? 만일 아무것도 아닌 것보다 못한 무언가가 있다면, 그럼 아무것도 아닌 것은 아무것도 아닌 게 아니야. 그건 무언가가 있다는 거야. 아주 조금일지라도 말이야. 그리고 아무것도 아닌 것이 정말 아무것도 아니라면, 아무것도 아닌 것보다 못한 것은 아무것도 없잖니. ── 엘윈 브룩스 화이트 지음, 가스 윌리엄즈 그림, 《샬롯의 거미줄》

어쩌면 삶은 무의미와 겨루며 사는 것일지도 모른다. 너는 아무것도 아니라고 말하는 이들을 향하여 반항하며 살아가는 것, 혹은 내가 하는 일들을 별것 아닌 것처럼 여기는 사회에 저항하며 스스로 의미를 부여하는 과정일 수도 있다. 그렇게 애쓰는 동안 문득 '아무것도 아니어도 괜찮다'라는 단단한 마음을 습득해 가는 여정이 인생이라는 깨달음을 얻기도 한다. 아무것도 아닌 것을 아무것, 나아가 모든 것이 될 수도 있는 존재로 바꾸어 가는 것. 나에게는 책, 글, 삶 자체가 아무것도 아닌 것을 모든 것으로 만드는 동력이다.

아무것의
특별함

아무것
〈1〉 특별히 정해지지 않은 어떤 것 일체.
〈2〉 (주로 '아니다'와 함께 쓰여) 대단하거나 특별한 어떤 것.

아무것의 사전적 정의는 놀랍게도 상반된 두 가지 의미를 보여준다. 별로 중요하지 않을 것처럼 쓰이는 1번의 의미로는 도저히 상상할 수 없었던 '대단하거나 특별한 어떤 것'이라는 의미가 2번에 있다. 윌버가 쏟아낸 말의 요지는 바로 아무것도 아닌 것이 사실은 대단하거나 특별한 어떤 것이 될 수 있다는 주장 아닐까. 5월 모임에서 나는 '아무것'의 실체를 마주하는 시간을 보내고 싶었다. 아무것도 아닌 것이 모든 것이 될 필요는 없다. 하지만 내게 중요하고 의미 있는 일들을 아무것도 아닌 것으로 치부하는 외부의 시선, 무례한 말, 깎아내리려는 의도를 알아채고 거부할 권리는 있다. 내가 하는 모든 일이 가치 있고 중요하진 않겠지만 적어도 스스로 의미 부여를 한 문제에 대해서만큼은 아무것의 정의가 '대단하거나 특별한 것'이 되었으면 좋겠다.

김선우 시인은 청소년들이 하지 못한 이야기를 대변한다. 어른의 권위, 무심한 태도에 가로막힌 말들의 물꼬를 터주는 역할을 자처한다. 그리고 아무것도 안 하는 일이 유용할 수도 있음을 비틀어 말한다. 자신을 제외한 존재를 아무것도 아니라고 무시하며, 지극히 이기적인 마음으로 하는 행동들이 죽음과 파멸로 이어질 수도 있음을 돌아보게 한다. 전쟁을 일으키고, 지구 환경을 파괴하고, 인간을 멸시하는 이들이 아무 짓도 안 해야 세상은 살만해진다는 것을 역설적으로 보여주기도 한다. 《아무것도 안 하는 날》은 무용한 지점에서 피어오르는 것 중에 가장 아름다운 것이 시라고 말하는 시집이다. 시들이 아무 목적 없이 무언가를 하다가 빚어진 통찰에서 탄생했기 때문이다.

이문재 시집 《지금 여기가 맨 앞》에도 무심히 지나쳤을 주변 풍경을 아름다운 여운으로 남긴 장면이 등장한다. 대학 교정에서 '부아앙 좌회전하던 철가방이' 급브레이크를 밟고 '막 벙글기 시작한 목련꽃을(《봄날》)'을 찰칵찰칵 찍는 모습. 급기야 오토바이에서 내린 이가 다양한 각도로 사진을 찍은 뒤 다시 부아앙 사라지는 모습을 보고 시인은 아마도 그 꽃 사진을 급하게 배달할 데가 있을 거라고 썼다. '계란탕처럼 순한' 봄날 이른 저녁의 풍경을 시집 속에서 목격한 나는, 목련꽃을 볼 때마다 부아앙 철가방의 사진을 배달받은 양 가슴이 부풀어 오른다.

봄비가 촉촉이 내린 4월의 산을 보며 '귀밑머리가 젖었다'고 쓴 시를 읽은 이상, 4월의 비 내리는 봄 산은 내게 고유명사처럼 다가온다. 시인은 시를 쓰겠다 작정하고 먼 산을 바라보지 않았을 테고, 낮잠 자는 아기의 귀밑머리에 송송 맺힌 땀방울을 보면서 나중에 이걸 시로 써야지 결심하지도 않았을 것이다. 그저 아름다움에 매혹되고 사랑에 겨워 오래 들여다보는 사이 드러난 것, 아무것도 안 하는 시간 사이에서 선물처럼 다가온 것, 이 특별한 '아무것'이 '시'인 것이다. 나는 아무것도 안 하는 시간으로 자주 들어가 보기로 한다. 무엇이 나오기를 기대하며 조바심을 낼 소지가 다분하지만, 아무것도 안 하는 날의 자유로움 속으로, 아무것이 아니어도 좋다는 여유 속으로 기꺼이 저벅저벅.

시의
존재 방식

무심하게 스쳐 지났던 문장인데, 오랜 시간이 지난 뒤 다른 책을 읽다가 불쑥 생각날 때가 있다. "어? 이 구절과 비슷한 표현 본 적이 있는데…." 하며 책장 앞에 서서 기억을 더듬는다. 필사 노트를 뒤지기도 하는데, 그럴 때면 묘한 힘이 솟구친다. 반드시 찾아내서 비밀을 캐내고 싶은 욕망, 이 문장을 온전히 이해하고 싶다는 갈망 때문이다. 갑자기 이 일이 세상에서 제일 중요한 일이라도 되는 듯, 어서 그 책이 나타나길 바라며 책장을 뒤지는 희열. "아, 찾았다. 바로 이 시였어!" 라이너 쿤체의 〈은엉겅퀴〉였다.

《나와 마주하는 시간》이라는 시집으로 라이너 쿤체 시인을 처음 만났다. 〈뒤처진 새〉를 읽고 시가 얼마나 깊은 위안을 주는지 절감했다. 고개를 들어 먼 하늘 위 '뒤처진 새'에게 힘을 내라고 응원하더니, 이번에는 땅에 몸을 대고 엎드려 작은 꽃에게 '이제 너 스스로 빛나렴' 한다. 아, 어떻게 하면 그럴 수 있나요? 더 높고 큰 무대로 나가 목청을 돋우며 나 좀 봐달라고 몸부림을 쳐도 봐 줄까 말까 한 세상에 살고 있는데요? 도대체 은엉겅퀴는 어떻게 그림자 속에서도 빛난단 말인가요?

은엉겅퀴 사진을 찾아보았다. 낮은 키에 꽃 모양도 납작했다. 자세히 보려면 무릎을 꿇거나 쪼그리고 앉아 몸을 깊숙이 구부려야 할 것 같다. 안준철 시인의 〈낡아간다는 것〉이 떠올랐다. 늙고 낡아갈수록 '꽃에 대한 예절이 깊어진다'라는 구절. 눈에 잘 띄지 않는 곳에서 열심히 삶을 피워올리는 작은 존재들을 시인들은 잘 알아본다. 그리고 자세히 관찰하는 동안 겸손하게 배운다.

체스워프 미워시의 〈사랑〉을 처음 읽었을 때는 큰 감흥이 없었다. 위대한 일을 하는 사람은 정작 자기가 무슨 일을 하는지도 모른다는 구절에서 겸손한 어떤 사람을 그려보았을 뿐이다. 그의 시를 읽고 또 읽었다는 파커 J. 파머가 '한 발짝 물러나서 햇빛이 모든 사람과 만물을 비추도록 할 수 있다는 것'이 사랑이라고 했을 때도 살짝 마음이 울린 정도였다. 그런데 라이너 쿤체의 〈은엉겅퀴〉를 읽을 때는 뭔가 달랐다. 남에게 그림자를 드리우지 않기 위해 뒤로 물러서는 행위, 납작 땅에 엎드리는 자세를 그려보며 겸손과 사랑은 눈에 보이는 행위라는 걸 깨달았다.

새봄이 오면 사방에서 피어나는 민들레, 꽃마리, 냉이꽃, 미나리아재비 등을 이전과는 다른 모습으로 들여다보게 될 것 같다. 조심조심 물러서서 해를 가리지 않기, 쪼그리고 앉아서 예쁘다 칭찬만 하지 말고 납작 엎드려 사랑에 대해 생각하기. 그러다 보면 구시렁구시렁 사소하고 쓸데없는 고민으로 뒤엉킨 머릿속이 시에서 배운 고귀한 정신으로 바뀌지 않을까. 라이너 쿤체 시집을 곁에 두고 읽는 한, 나는 옮긴이의 표현대로 시인의 '올곧고도 섬세한' 시선으로 세상을 보게 될 테니까. 내게 시 읽기는 무용하고도 존귀한 존재가 되는 시간이다.

모든 곳에 존재하는
모든 것의 시

   라이너 쿤체가 은엉겅퀴 꽃에서 연약한 존재의 고귀함을 발견했다면 영국의 시인이자 정원사, 전직 두더지 사냥꾼인 마크 헤이머는 양귀비꽃이 피고 지는 모습에서 삶의 연민을 배운다. 연민은 기쁨과 슬픔의 상호 작용 가운데서 생기는 것이며 '당신 스스로의 삶에 대한 연민, 당신 스스로의 실수에 대한 용서가 그것의 토대를 이룬다'라고 썼다. 글을 읽다가 눈물을 삼킨 장소는 마두 도서관 3층 종합자료실이었다.

 5월의 마지막 주 토요일, 남편과 다투고 난 뒤 화를 식히며 걷다가 도서관으로 향했다. 창가 구석 자리에 앉아 마크 헤이머의 책 《두더지 잡기》를 꺼냈다. 연푸른색 표지에 금박 제목이 박힌 양장본의 아름다운 물성과 매혹적인 문장에 반해 도서관에서 빌려 읽다가 결국 구입한 책이었다. '노년의 정원사가 자연에서 배운 것들'이라는 부제처럼 마크 헤이머가 자신의 삶을 돌아보는 내용이다. 정원과 밭을 지키기 위해 두더지를 죽이며 생계를 이어가는 이야기 속에서도 생명과 자연에 대한 예찬이 시처럼 펼쳐진다. 외롭고 고된 인생 여정을 담담하게 이야기하는 시인의 어조에는 자연을 향한 애정이 깊이 배어 있어, 두더지 사냥 이야기조차 슬프면서도 아름답고, 끔찍하면서도 경이로웠다. 그가 쓴 시도 여러 편 실려 있는데, 책 속의 책처럼 한 편의 아름다운 이야기 같았다.

　책이 좋아 감탄하며 읽으면서도 그동안 남편과 좋은 관계를 위해 노력해왔던 게 다 소용없다는 허망함에 마음은 엉망진창이었다. 품위 넘치는 문장들을 읽어 내려가며 아무것도 아닌 것 같은 말 한마디에 언성을 높이고 다툰 일이 부끄러워 속이 쓰렸다. 냉정하게 대화의 내용을 복기하며 감정을 추스르던 중에 '아무것도 아닌 것에 가까워질수록'이라는 문구를 발견하자마자 심장이 요동치기 시작했다. 우주 어딘가에서 나를 위해 보낸 신호를 받은 것만 같아 울컥했다.

　아무것도 아닌 것에 가까워질수록, 그 존재는 더욱 부드러워지고 그 존재가 발산하는 감정 또한 더더욱 부드러워진다. 갓 태어난 아이, 막 부화한 동물, 죽어가는 노인을 떠올려보라. 마른 씨방과 그것을 둘러싼 다른 마른 씨방들, 뼈대만 남은 채 웅덩이에 떠 있는 이파리, 흙더미 속의 깨진 도자기 한 조각, 풀밭 위에 놓인 달걀 껍데기 반쪽, 모래 언덕에 놓여 있는 토끼 다리 한쪽의 작은 뼈를. 그리고 끝이 가까워진 작은 것들을.

　모든 이야기는 이것들로부터 터져 나온다. 말라가는 씨방의 소중함은 그것이 흙으로 돌아가는 슬픔과 한데 엮여 있고, 봄에 그것의 결과물로 모습을 드러내는 씨앗들에는 기쁨이 배어 있다. 아름다움은 슬픔과 기쁨 사이의 균형이고, 그 순간 속에서 탄생하며, 보는 자와 보아지는 것 간의 관계에 존재한다. 내 삶은 이것으로 가득하다. 그런 감정은 절대 과거나 미래에 있지 않고, 오로지 당신과 이 순간 사이의 상호 작용이 일어나는 바로 이곳에만 존재한다. ─마크 헤이머, 《두더지 잡기》

글을 읽는 사이 내 머릿속에는 과거의 말들(상처 입었다고 여기며 곱씹던 날 선 대화의 파편들)과 무용한 상상들(결별을 상상하거나 복수를 꿈꾸는 따위의)이 서서히 형체를 잃고 희미해졌다. 대신 그 자리에 시인의 연민과 지혜의 말들이 들어차기 시작했다. 아무것도 아닌 말들은 아니었지만 서로 제대로 해석하지 못해 슬픔으로 남은 말들을 곱씹던 나는 이름조차 생소한 시인과 깊은 교감을 나누는 기이한 느낌에 압도되어 메모지를 꺼내 글을 쓰기 시작했다. 시를 가득 모아놓은 포근한 공간을 상상하며, 훗날 네 번째 책 에필로그에 쓰고 싶은 글귀도 적었다.

'이 책이 당신과 나 사이의 상호 작용이 이루어지는 깊고 아늑한 굴이 되었으면 좋겠습니다.'

도서관을 빠져나와 계단을 내려가다 멈칫했다. 도서관 돌계단의 철제 배수관과 벽면 사이 틈새로 아기 느티나무가 삐죽이 올라와 있었다. 한 뼘 길이밖에 안 되는 데도, 위로 뻗은 줄기에 달린 잎이 열세 장, 벽면 반대 방향으로 새로 뻗은 두 갈래에도 앙증맞은 잎들이 조르륵 매달려 있었다. 쪼그리고 앉아 자세히 보니 조금 위쪽으로 엄지손톱 크기의 더 어린 싹이 자라고 있었다. 돌과 철 사이에서 자라는 새싹이라니. 연둣빛 아기 나무를 보며 슬픔과 기쁨이 교차했다. 그 순간 은엉겅퀴를 발견하고 몸을 숙이는 시인(라이너 쿤체)의 모습이 떠올랐다. 어떤 것도 완전하지 않고, 그 어떤 것도 완벽하지 않은 작은 존재들에게 평생 이끌려 왔다는 시인(마크 헤이머)의 말도 생각났다. 아무것도 아닐 뻔했던 존재가 '모든 곳에 있고 모든 것에 있다'라는 의미를 그제야 어렴풋이 깨달았다. 아무것도 아닌 것들이 가장 소중하고 특별한 의미가 되는 그 순간을 잘 포착해 기록해 두고 싶었다.

 6시 폐관 시간에 맞춰, 사람들이 계단으로 내려오기 시작했다. 저녁 햇살에 느티나무 잎들이 반짝이고 있었다. 걸음을 멈추고 고개를 들어 나무를 바라보았다. 심란하게 부대끼던 마음 한복판을 문장 하나가 훑고 지나갔다. '슬픔은 늘 존재한다.' 도서관을 나서기 전에 읽었던 문장이었다. 쉽게 풀리지 않을 감정의 응어리만 안고 가지 말라는 듯 마크 헤이머는 이렇게 썼다. '망

가진 것은 예전으로 돌아갈 수 없지만 다른 무언가가 될 수는 있다'라고. 크고 작은 마음의 상처가 남긴 흉터에 연연하지 않도록 이런 말도 덧붙였다. 치유는 '수용과 용서와 사랑과 성장과 재출발을 통해 생겨나는 것'이라고. 시인의 말을 알아들은 나는 조금은 고귀한 존재가 되어 집을 향해 걷기 시작했다.

시와 그림책의 다정한 대화

6월

《나무에 기대다》
안준철

《왜냐면 말이지…》
맥 바넷 글 / 이자벨 아르스노 그림

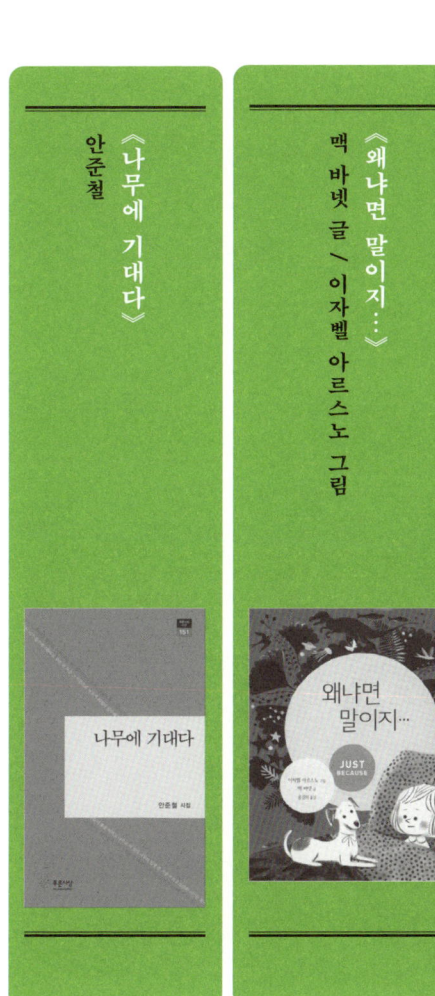

6월 계획안

안준철 시 〈아무것도 하지 않아도〉는 5월의 이야기를
이어가기 좋은 시입니다. 시인은 하루에 두 번 걷는
산책길도 늘 다니던 길이 아닌 것처럼 보이고,
아침에 앉았던 의자에 다시 앉으면 두 번째 생에 와 있는
기분이라고 말합니다. 그러면서 놀라운 고백을 합니다.
'아무것도 하지 않아도/ 생이 가득 찰 때가 있다'라고
말이지요. 익숙한 풍경과 당연히 여기는 현상도
시인의 눈으로 보면 얼마나 풍성한 이야기로
펼쳐지는지요! 그림책에서 마주하는 질문을 따라가다
보면 우리 안에도 시인이 살고 있다는 걸 발견할지도
모릅니다. 시와 그림책의 다정한 대화에
귀 기울여 보세요.

○ 모임 준비

하나. '달팽이처럼 산책하기'
"빗방울의 눈동자를 본 적이 있나요?"(〈달팽이 산책〉)
살면서 들었던 예쁘고 기발하고 난감한 질문들을 소개해 주세요. 날마다 달팽이처럼 산책하며 《왜냐하면 말이지…》에 나오는 아이의 질문에 들려줄 말을 찾아봅니다.

둘. '나무에 기대어 바라보기'
'내 몸에서도 꽃 지는 소리가 들리더니/ 푸릇푸릇 돋아나는

것들이 있다(〈나무에 기대다〉)'

일주일간 매일 내 몸과 마음을 관찰하며 기록합니다. 어떤 생각들이 밀려왔다 사라지나요? 그 자리에 남는 것은 무엇인가요? '내 안에 피고 지는 것들'은 무엇인가요?

○ 모임

1. 도란도란 시와 그림책
   《왜냐면 말이지…》 그림책을 가족들과 함께 보며 나눈 이야기를 들려주세요.
   ✽ 예시
   ─아빠(양육자)가 아이에게 읽어주며 대화하기.(관찰하며 기록)
   ─아이들의 말(반응) 기록
   ─'너는 이 아이처럼 궁금한 건 없었니?' 등 책에 관한 이야기를 나누고 기록

2. 무언가를 여읜 직후의 아픔을 견디게 해 주거나 호된 생의 감기를 앓고 난 후 수척해진 마음을 기댈 수 있는 시를 발견하셨는지요? 어떤 시에 기대어 위안을 받으셨나요? 그 시를 통해 여러분 마음에 새로 피어난 것이 있나요? 여러분의 6월 시 이야기를 들려주세요.

3. '가난한 시에 보내준 따뜻한 눈빛들이 시리도록 고맙다'라는 시인의 말에 빚진 기분이 들어 시인께 편지를 쓰고

싶어졌습니다. 시집을 읽다가 누군가가 떠올라 눈시울이 붉어지거나 마음이 따스해진 순간이 있었다면 시인은 기뻐했을 겁니다. 첫 페이지에는 시인의 말이, 맨 마지막 페이지에는 독자의 글이 놓인다고 생각하며 편지를 써 주세요.

○ 모임 이어가기

틈새에서 빛나는 '평범한 것들의 경이(〈어느 각별한 날의 일기〉)', 구석구석 틈새에 숨어 있는 아름다운 존재들을 찾아 사진으로 소개해 주세요.

시집에 기대어 사는 삶

평범한 것을 각별함으로 바꾸는 시인의 눈

몇 년째 이어오는 모임이어도 독서 모임이 열리는 날은 특별하다. 함께 나눌 이야기가 매번 기대되고, 헤어짐이 아쉬운 각별한 이들과 함께하기 때문이다. 미리 예매해 둔 전시나 음악회에 다녀오는 날도 일상 속 특별한 이벤트처럼 활력을 준다. 큰마음 먹고 하는 여행도 며칠은 활기에 넘친다. 무탈한 일상이 가장 큰 복이라 여기는 요즘이지만 평범한 날 중에도

'각별한 순간'이 자주 찾아왔으면 좋겠다.

안준철 시 〈어느 각별한 날의 일기〉에는 동네 의원에 약을 타러 갔다가 다음번에는 검사를 해보자는 말을 듣는 장면이 나온다. 지병이 있는 시인에게 가슴이 덜컥 떨어질 만한 말이었을 텐데도 예, 하고 씩씩하게 대답했다고 한다. 병원을 나와 신호등을 지나며 본 하얀 개망초가 참 예뻤나 보다. 바람에 마구 흔들리는 꽃이 괴롭다는 건지 즐겁다는 건지 궁금해하던 시인은 뜬금없이 이런 고백을 한다. '내가 그저 그런 사람이래도 각별하지 않은 삶은 없으니' 흔하게 피어있지만 예쁜 개망초처럼 '나도 내가 예쁘다'라고. 병원을 가던 길에도 시인은 온통 초록인 느티나무에 마음을 빼앗겼다. 무성한 느티나무 잎들이 바람에 일제히 흔들리는 모습을 '자지러지며 몸을 뒤집는다'라고 표현한다. '평범한 것들의 경이랄까, 반란이랄까' 나무들의 몸짓 하나 예쁘지 않은 것이 없다고 감탄한다.

한 번 각인된 시의 언어는 산책길에서 늘 보던 평범한 풍경을 다른 방식으로 보게 해 준다. 흔하디흔한 느티나무 가로수 길을 지날 때마다 바람이 불면 슬그머니 웃음이 난다. '너네 또 간지럽구나?' 숨이 차고 등에서 땀이 흐르며 발걸음이 무거워질 무렵, 시원한 바람 한 줄기가 지나가며 작은 잎사귀들이 우수수 몸을 흔드는 모습과 함께 떠오르는 시. 자지러지는 기쁨이 고스란히 내게로 옮겨오는 시적인 순간이다. 남들 사는 모습 기웃거리다 마음이 쪼그라드는 날이나 그저 그런 무미건조한 날, 이런 시가 눈앞에 나타나는 건 얼마나 고마운 일인지.

이 시를 읽다가도 그랬다. 시인의 각별한 시선에 감탄사가 절로 나오고 '평범한 것들의 경이'를 가르쳐주는 시인의 혜안에 놀랐다. 처음부터 그랬을 리는 없다. 어쩌다 마음을 울리는 시 한 편 읽고 눈물 찔끔하면 그뿐, 시를 이렇게까지 좋아하며 읽게 될 줄은 몰랐다. 돌이켜보면 시야말로 특별한 날, 깍듯이 대접해야 하는 손님 같은 존재였다. 하지만 시인들의 일상이 나와 다르지 않고, 시에 등장하는 사물이 우리 집에도 널려 있으며, 문밖만 나서면 매일 보는 나무와 풀들이 시 속에 그렇게 많이 등장한다는 걸 알고 난 뒤, 시는 내게 가장 가깝고 절친한 존재가 되었다.

좋은 책은 사람을 변화시킨다. 모르는 걸 알게 해 주고, 치우친 생각을 바로잡아 주고, 안 해보던 일을 하게 만든다. 무모해 보이는 일도 차근차근 실행하도록 돕고, 무너진 마음을 일으켜 세우기도 한다. 웬만한 책은 200쪽이 넘는데, 그 책을 한 장 한 장 넘기며 빼곡한 문장들과 씨름하다 보면 알게 모르게 그 사람은 달라진다. 책을 덮고 나면 그 자리엔 책을 읽기 전과는 뭐 하나라도 달라진 '그 책을 읽은 사람'이 존재한다.

시를 읽다 보니 시 한 편의 위력은 정말 대단하다. 시는 1분도 채 안 되는 짧은 시간에 사람을 뒤흔들 수 있다. 시 한 편이 삶의 지향점이 되기도 한다. 시 한 편을 읽고 갑자기 후드득 눈물을 쏟아 당사자가 먼저 당황하는 일도 벌어진다. 전철에서 폭소를 터뜨리기도 하고, 환하게 미소 짓다가 앞에 앉은 사람과 눈이 마주쳐 머쓱해질 가능성도 있다.

시인은 자연의 언어를 번역하는 사람

시인처럼 산책을 아침저녁으로 하지는 않지만 갱년기 증상으로 여기저기 몸이 아프고 우울감이 생겨 자주 나가려고 노력한다. 아무 생각 없이 걷는 데만 집중하고 싶지만 끊임없이 생각이 밀려든다.

그러다 문득 걸음을 멈추게 되는 순간이 있다. 낭랑하고 선명한 새소리가 들릴 때, 폐타이어 속에 피어있는 들꽃을 볼 때, 불현듯 어떤 존재가 마음을 비집고 들어올 때. 그럴 때 시인이 될 가능성이 생기는 걸까. 안준철 시인처럼 유난히 귀여운 아기 나무를 보면 대견해서 들여다보고, 나무 그림자가 길 위로 흐드러지게 펼쳐질 때면 홀린 듯 바라보기도 한다. 고개를 들어 나무 사이로 비치는 햇살을 쳐다보다가 숲에 사는 정령의 비밀 신호라도 받은 것처럼 눈을 감고 나무를 향해 손을 뻗기도 한다. 바람이 불 때마다 각기 다른 소리를 내는 잎사귀들이 신기해 나무 이름을 찾아보기도 한다. 유난히 사그락거리며 흔들리는 자작나무 잎사귀들은 속닥속닥 수다를 떠는 것 같아 한참 서서 듣는다. 지금껏 나는 그저 나무를 좋아하며 구경만 할 뿐이었다. 나무들의 언어에 대해 궁금한 적은 없었는데, 시를 읽다가 한두 번 놀란 게 아니다. 시인은 자연의 언어를 번역하는 사람이었다.

'시인의 말'에 의하면 《나무에 기대다》는 산책하고 돌아와서 일기처럼 쓴 '산책시'다. 나무에 기대는 시간이 많아지면서 나무도 나에게 기댈 수 있으면 좋겠다고 말하는 시인. 시집을 읽다 보니 시를 쓴 사람이 어떤 사람인지 훤히 그려진다. 이번 시집에 등장하는 이는 봄이랑 바람이랑도 놀 줄 아는 사람이고, 비 오는 날 달팽이 산책을 하며 '빗방울의 눈동자를 본 적 있는가(〈달팽이 산책〉)'라며 뜬금없이 질문을 던지는 사람이다. 시 모임을 준비하며 여러 번 읽는 동안 매번 감동한 지점은 이런 거다. '와, 이 시인님 너무 다정하시네, 모든 존재에게 말을 거시는 것 같아. 시인 뒤를 따라 산책하다 보면 나도 시 한 편 쓸 수 있지 않을까?' 시집 내지에 내가 닮고 싶은, 시인의 면모가 드러난 구절을 죽이어 썼던 메모가 있다.

안준철 시인은 아무도 다치지 않게 세심하게 마음을 쓰는 사람. 봄이 딴마음 품지 않고 매년 꼬박꼬박 찾아와 주는 걸 고마워하는 사람. 삶에 안주하지 말라는 바람의 당부를 듣는 사람. 아무것도 아닌 일로 눈물이 핑 돌 때가 있다는 사람. 찬바람이 불기 시작했는데도 시멘트 위에서 자라고 있는 호박이 안쓰러운 사람. 그것도 모자라 동자스님의 예쁜 머리통을 닮은 애호박을 가을 순교자라 여기며 '나는 호박에게 무엇을 주지?' 고민하는 사람.

나는 작은 것에 고마워할 줄 아는 사람이 겨우 되어가고 있는데, 호박 하나에게도 고마운 존재가 되려고 애쓰는 시인이 놀랍다. 그의 따스한 시 덕분에 배우는 게 많았다. 아무도 다치지 않게 애쓰는 마음은 어떤 것일까 고심하게 되었고, 본의 아니게 누군가의 가슴에 가시로 남을 만한 말을 한 적은 없나 돌이켜보기도 했다. 무심한 표정이 내내 씁쓸한 기억으로 남지 않도록 순한 표정으로 세상을 바라보고 싶어졌다. 시인의 따스한 성정이 타고난 것이라면 쉬이 따라 할 수 없겠지만 조금이라도 닮고는 싶다. 시집 안에서 힌트가 될 만한 구절을 발견하고 또박또박 필사하며 가슴에 새긴 말이 있다. '오래 들여다보기.'

작은 이파리 한 장에 매달린 물방울이 너무 예뻐서 어쩔 줄 모르는 시인. 사진기를 두고 온 걸 후회하며 다음 날 새벽같이 달려갔지만 하루 만에 바싹 마른 모습을 보며 시인은 이렇게 썼다. '할머니가 된 소녀를/ 오래오래 바라보다가 돌아왔다'라고(〈어떤 해후〉). 〈멸치와 단풍〉이란 시는 더 놀랍다. 바다에서 잡은 멸치가 펄펄 날뛰어도 먹고 살아야 하니 찌고 말리는 작업을 하는 멸치잡이 늙은 사내가 '미안하고 짠한 마음'으로 '멸치를 위해 최대한 해줄 수 있는 것은/ 머리에서 꼬리까지 안 다치게 잘 다루어서/ 예쁘고 깔끔하고 온전한 상태로' 고객 손에 전하는 거라고 말한다. 이야기를 들은 시인은 '머리에서 꼬리까지 곱게 물든 애기단풍잎을/ 온 마음을 다해 바라보았다'라고 썼다.

어떤 대상을 사랑한다는 건 자주, 오래, 깊이 들여다보는 데서 시작되는 일이고, 사랑하게 되면 더 그러고 싶어진다. 그 마음의 깊이가 남다르게 느껴질 때는 '겨우 저런 것을 마음 다해 바라본다고?' 여길 만한 지점에서다. 멸치와 애기단풍잎의 조합이라니. 마음의 기울기가 이렇게 남다를 수가. 시가 아니면 경험해보지 못할 신선함이다. 그 생경함에 대한 찬탄은 '빗방울의 눈동자를 본 적 있는가?'라는 질문 앞에서 나도 어떻게든 시적인 대답을 하고 싶다는 열망으로 이어진다.

빗방울의 눈동자를
들여다보는 사람

그림책 《왜냐면 말이지…》에는 잠자리에 들기 전 온갖 난처한 질문을 퍼붓는 아이와 최선을 다해 아이의 궁금증을 해결해 주려는 아빠가 등장한다. 바다는 왜 파란지 묻는 아이에게 아빠는 매일 밤, 아이가 잠들면 물고기들이 기타를 꺼내 슬프게 노래하면서 파란 눈물을 흘리기 때문이라고 대답해 준다. 비는 날아다니는 물고기들의 눈물이고, 나뭇잎이 색깔이 변하는 이유는 겨울에 추워지면 나무가 잎사귀 속에 불을 피워서라고 말해준다. 질문이 이어지는 동안 방문 밖에 서 있던 아빠는 점점 딸 곁으로 가까이 다가오더니, 결국 침대에 걸터앉아 이야기를 이어간다.

그러는 사이 아빠는 딸 덕분에 시인이 되어가고, 아빠의 멋진 대답에 점점 더 눈이 말똥말똥해지던 아이는 눈을 감아야만 보이는 것들이 있다는 아빠의 말에 잠을 청한다. 말풍선 가득 호기심 가득한 질문들이 빼곡하게 들어찬 페이지에 이르면 책을 읽어주는 어른은 은근슬쩍 넘어가고 싶을지 모른다. 아이들이 "왜요? 왜요?"를 외칠 때마다 난감했던 기억을 떠올리며 그림책을 보다가, 이십여 년 전 남편과 아이들이 잠자리에서 낄낄거리며 뒹굴던 장면이 스쳤다. 어떤 책이든 결말을 엉뚱하게 바꾸고 기발하고 창의적인 뒷이야기를 들려주던 남편 때문에 잠드는 시간이 점점 더 늦어지곤 했다. 결국은 "그만 자라고!!!" 소리를 지르던 밤들.

몇 년 전 처음 이 그림책을 봤을 때, 남편에게도 읽어주었다. 다음날인가. 그는 그림책에 나오는 질문 몇 가지에 대한 자기 나름의 답을 적어둔 다이어리를 보여주었다. 깔깔 웃으며 읽을 만큼 재밌고 참신했다. 남편은 대학 시절 시인이 되고 싶어 했다. 남편의 글 속에서 나는 빗방울의 눈동자를 들여다보는 또 한 사람을 발견한 느낌이 들었다. 그 무렵 아빠와 아이가 함께 하는 그림책 모임을 기획하고 있었다. 아이들과의 모임이 낯설어 난감해하는 아빠들을 위해 예시 답안지를 작성해 달라고 남편에게 부탁했다. 그리고 그때 남편이 쓴 글을 '한 달에 한 권 시와 그림책' 모임에서 나누었다.

―왜 바다는 파래요?

바다는 파란색 옷밖에 없어. 생각해 봐. 바다처럼 커다란 덩치에 빨간 옷, 노란 옷, 초록 옷을 다 지어주려면 얼마나 힘들겠어.

―비는 뭐예요?

하나님이 나무에 물 주는 시간이야. 그런데 왜 나무가 없는 곳에도 비가 오냐고? 하나님이 거기에도 나무가 자라길 바라시기 때문이지.

―공룡들에게 무슨 일이 생긴 거예요?

공룡들은 덩치에 어울리지 않게 소심하고 잘 삐지는 편이거든. 어느 날 문득 날씨가 맘에 안 들어 단체로 숨어버린 거야. 공룡들이 어디 숨었는지는 아무도 모른단다.

―화산이 뭐예요?

오랫동안 화를 참고 있는 산이야.

―바람이 뭐예요?

혼자서는 움직이지 못하는 나무들이 몸을 풀 수 있도록 하나님이 살살 흔들어주는 거야.

―털북숭이 매머드는 얼마나 컸어요?

머리를 감으려면 샴푸 일곱 통이 필요할 만큼 컸지.

―사막이 뭐예요?
오랫동안 로션을 바르지 않아 푸석해진 땅이야.

―주근깨가 뭐예요?
친구들의 얼굴에 뜬 별, 정말 예쁘지 않니?

―눈이 뭐예요?
하나님이 꽁꽁 숨은 공룡들을 위해 빙수를 만들었는데, 직접 갖다 주면 공룡들이 숨은 곳이 밝혀질까 봐 온 세상에 골고루 뿌려 놓은 거란다.

―달이 뭐예요?
지구를 짝사랑하는 수줍은 별이지.

―무지개가 뭐예요?
물청소가 깨끗이 끝났다는 표시등이야.

―번개가 뭐예요?
오랫동안 한 곳에 숨어 있으면 들킬 수 있으니 날씨 안 좋은 날을 틈타 다시 숨으라고 공룡들에게 보내는 신호란다.

―천둥이 뭐예요?
꽁꽁 숨었던 공룡들이 신호에 따라 일제히 다른 곳으로 옮겨 숨는 소리야

아이들은 시인 못지않게 반짝이는 말을 쏟아내는 존재들이다. 타고난 시적 감수성을 어른이 어떻게 반응하느냐에 따라 아이 삶의 풍경은 달라진다. 그림책 속에서 발견한 시적인 대화를 우리 일상에도 적용해 보면 어떨까?
그림책 속 아이가 훌쩍 커서 어느 깊은 밤 홀로 침대에 누워 잠을 청하는 모습을 상상해 본다. 눈을 감으면 어둠 속으로 사라지던 장난감들과 책, 어항의 물고기와 인형들. 어느덧 잠이 들면 그 모든 것들이 알록달록 색을 입고 꿈속 세계에서 찬란하게 펼쳐지던 장면을 떠올리지 않을까? 유난히 고단하고 외로운 밤, 새들이 겨울에 남쪽으로 날아가는 이유는 나무에게 새 잎사귀를 물어다 주려는 것이라는 말을 떠올리며 따스하게 잠들 수도 있겠다.

시집에
기대다

　　　　　꽃이 필 때만 절정기라 여기진 않았지만 나이 듦의 서글픔에 수시로 낙담하고, 여기저기 아픈 몸에 적응하느라 지쳐 있었다. 예전 같지 않은 체력에 수시로 주저앉고 싶을 때가 많았다. '나무의 일생 중 가장 푸르고 찬란한 시기는/ 꽃을 여읜 직후다(《나무에 기대다》)'라고 시인은 말한다. 아픈 몸으로 살아가면서 '내 몸에서도 꽃 지는 소리가 들리더니/ 푸릇푸릇 돋아나는 것들이 있다'고. '지금은 나무에 기댈 시간/ 사는 것이 기쁘고 감사하다'라며 자신이 쓴 시에 우리도 기대어 보라고 초대한다.

　나는 글을 쓰지 못해 괴롭고 슬픔에 짓눌릴 때마다 이 시집에 기댔다. 6월 모임을 마치고 글을 쓰면서 괴로운 순간이 많았다. 다른 시집을 읽던 중에 마음 깊이 숨겨 둔 할머니에 대한 기억이 불쑥 떠올랐기 때문이었다. 할머니와의 마지막 이야기를 써야만 할 것 같은데, 막막함에 한숨만 나오고 눈물이 쏟아졌다. 그럴 때 나는 《나무에 기대다》라는 시집 제목에 의지했다. 동네 곳곳에 친구 삼은 나무들을 찾아다녔다.

　무더웠던 6월 늦은 저녁, 운동하려고 나선 길에 일부러 대왕

참나무 가로수길을 향해 걸었다. 낮에도 장을 보러 가다가 새잎들이 바람에 너풀거리는 모습이 너무 예뻐서 일부러 차 속도를 늦추며 지났던 길이다. 늦은 시각이라 아무도 없는 길을 천천히 걸었다. 우듬지부터 내가 서 있는 자리의 눈높이까지 연하고 부드러운 새잎들이 돋아 있었다. 연둣빛 잎사귀를 만지작거리다 와락 나무를 껴안았다. 가만히 몸을 기대고 서 있었다. 나무를 꼭 끌어안고 가만히 눈물을 떨구던 그 밤, 가로등에 비친 팔뚝 맨살에 나뭇결무늬가 선명하게 찍혀 있었다. 나무가 새겨놓은 말 같았다. 크고 작은 슬픔에 마음을 여읜 것 같은 날 언제든 와서 기대고 가라는 표식 같기도 했다.

'아무것도 하지 않아도／ 생이 가득 찰 때가 있다(《아무것도 하지 않아도》)'라는 시구가 떠오르던 밤, 나는 '사는 일이 고요해졌다(《거꾸로 식사법》)'라는 말을 비로소 이해할 수 있었다. 나무에 기대어 평안을 누렸던 그 밤처럼 누군가 잠시 이 책에 기대어 쉴 수 있다면 더 바랄 게 없겠다.

아무런 속셈 없이 우리 일상을 아름답게 하는 것들

7월

《첫 번째 질문》
오사다 히로시 글 / 이세 히데코 그림

《세상은 아름답다고》
오사다 히로시

7월 계획안

사람에게 필요한 건 셀 수 없이 많지요.
가끔 누군가 두 가지, 혹은 세 가지를 말해보라고 할 때 우리는 무엇을 말하게 될까요?
시와 그림책이 건네는 다정한 질문에 정성껏 답해 주세요.

○ 모임 준비

하나. "세상은 아름답다고"(10) 시 이어쓰기
―우리 시의 부제는 '풀들에게 고함'
시인은 '커다란, 작은 것'(14), '아무런 속셈 없이, 하루하루를 아름답게 하는 것들'(15), '어느 시대에도 쓸모없는 것으로 남겨져 온, 이 세상의 가장 귀중한 것'(43), '없어서는 안 되는 것', ' 소중히 하고 싶은(흔하디흔한) 것'(82), '상자 속의 소중한 것'(100), '나(우리)에게 소중한 것'(151)에 천착하며 '세상은 아름답다'라고 말합니다. 위의 시어들을 참고로 10쪽의 시를 이어 써 주세요.(부지런히 많이 찾으시면 좋겠습니다)

둘. "좋아하는 꽃 일곱 가지를 꼽을 수 있나요?"
그림책《첫 번째 질문》에 실린 여러 질문 중 세 가지를 뽑아 답글을 써서 공유해 주세요. (꽃 질문 외 3개)

○ 모임

시집은 4부로 이루어져 있습니다. 각 장의 소제목을 토대로 이야기를 나눠보겠습니다.

―제1부 아름다운 것의 이야기를 하자
첫 번째 모임 준비로 세상은 아름다운 이유에 대해 시 이어 쓰기를 했습니다. 시를 쓰면서 느낀 점과 다른 분들이 쓴 시를 읽고 어땠는지 소감을 나눠주세요.

―제2부 말이 될 수 없는 감정은, 가만히 안고 간다
나의 모습 그대로 품어주는 듯한 시를 만나셨나요? 어떤 시가 당신의 영혼을 따뜻하게 해 주었나요?

―제3부 슬퍼하는 사람이여, 티끌에 입을 맞추어라
'사람의 말은, 극히 일부에 지나지 않는다.(〈바닷가에서〉)'
희망의 입맞춤으로 녹여버릴 당신의 티끌, 시의 온기로 녹여버릴 고드름 같은 말에 대하여

―제4부 인생이라는 책을, 가슴에 품고 있다
'책이 아닌 것은 없다./ 세상이라는 건 펼쳐진 책이고,/ 그 책은 보이지 않는 말로 쓰여 있다.(〈세상은 한 권의 책〉).'
(   )도 책이다.

○ 모임 이어가기

"시가 뭐라고 생각하니?"(154)의 질문 이어쓰기

여러분만의 시론을 자유롭게 펼쳐 보세요.

시를 읽으며 삶을 껴안기

정말 세상이 아름답다고?

  오사다 히로시의 시집《세상은 아름답다고》에 자주 등장하는 것은 '침묵', '말'에 대한 묘사다. '아무것도 없다'라는 인식이 '모든 것이 아름답다'라는 깨달음으로 이어지기까지, 잡히지는 않지만 '선명하게 감각되는 것(《사람의 하루에 필요한 것》)'들이 시집에 차곡차곡 쌓여 있다.
  아무것도 없는 것과 모든 것 사이의 가늠할 수 없는 거리를 헤아리다 보면, 결국 눈앞에 현존하는 대상에 눈길을 주며 골똘히 생각할 수밖에 없다. 탁자, 커피잔, 창밖의 나무, 하늘, 창 자체까지. 보이지는 않지만 존재하는 것, 말로 표현할 수는 없지만 분명히 있는 것, 침묵하고 있지만 쉴 새 없이 속말을 하는 것을 헤아리게 된다. 그렇게 '말로 할 수 없는 많은 것들로 이루어진 것'이 '사람의 인생이라는 작은 시간'이라니. 크고 깊은 시의 세계에서 아득해질 법도 하다. 그러다 문득 '생각이 나지 않는 공백'을 메우기 위해 시인은 '사람의 하루에 필요한 것'이 무엇인지 주위를 둘러보기 시작한다.

  시집 속에는 우리가 매일 흔히 보는 것들이 등장한다. 시집을 읽는 동안 나의 하루 속에 숨어 있는 아름다움은 무엇일까, 천천히 되짚어보게 된다. 그러다 '사람의 하루에 필요한 것은,/ 의의이지/ 의미가 아니다'라는 시구에서 멈칫한다. 말이나 글의 뜻(의미)보다 그 속뜻(의의)이 더 필요하다면 피상적으로 보이는 것 너머를 볼 수 있어야 한다는 뜻일 터. 아무것도 없음과 모든 것 사이에 존재하는 것은 뭘까? '어느 시대에도 쓸모없는 것으로 남겨져 온, 이 세상의 가장 귀중한 것(〈the most precious thing〉)'을 누구보다 열심히 찾는 시인. 그러다 결국 거창한 것이 아닌 '훨씬 더 소소한 것,(〈행복의 감각〉)' 이 '하루를 지탱'하는 힘이라고 말하며, '사람을 다르게 만드는 건, 단 하나/ 무엇을 아름답다고 느끼는가, 이다.(《말》)'라고 정리한다.

시인에게는 아름답지 않은 것도 아름답게 느낄 수 있는 비결이 있다는 것일까? 하지만 현실은 아름답다고 느낄 만한 일들보다 한숨 나오는 문제투성이가 아니던가? 시인처럼 소소한 아름다움에 감응하며 사는 일이 어디 그리 간단하고 명료하던가? '세상은 아름답다고'라는 제목이 반가우면서도 반감이 드는 까닭은 아름다움과 추함, 선과 악, 자연과 문명의 균형이 무너진 시대 속에서 점점 더 망가지는 세상을 날마다 목격하고 있기 때문이다. 그러니 보통 사람들보다 훨씬 더 예민하고 섬세한 감각으로 살아가는 시인들은 얼마나 더 고통스러울까.

그래서 더 고마운 존재, 시인

〈영혼은〉이라는 시에서 오사다 히로시는 '말이 될 수 없는 감정은, 가만히 안고 간다.'라고 썼다. 그 모습 그대로 안에 품어 시리고 아픈 영혼을 체온으로 녹이는 시인의 모습이 그려진다. 회의와 냉대가 만연한 사회에서 시는 과연 세상 본연의 아름다움을 회복하는데 이바지할 수 있을까? 시인은 스스로에게도 묻지만 시를 읽는 독자들에게 끊임없이 질문한다.

모임에서 함께 읽은 그림책 《첫 번째 질문》은 오사다 히로시의 시에 이세 히데코의 그림이 어우러진 아름다운 책이다. 한 장 한 장 넘길 때마다 마주하는 잔잔한 수채화를 보고 있으면 마음이 차분해진다. 단순하지만 허를 찌르는 질문은 그동안 놓치고 살았던 삶의 '의의'를 되찾을 기회를 준다. 질문에 하나하나 답하다 보면 늘 보던 대상이 사실은 얼마나 중요하고 가치 있는 존재였는지 깨닫게 된다. 어떤 감정은 그냥 생겨난 게 아니라는 것을 알게 된다. 단순히 좋아하는 게 아니라 특별한 사연과 속뜻이 숨어 있었다는 걸 발견하고 마음이 더 깊어지기도 한다.

"나무를 친구라고 생각한 적이 있나요?" 반가운 질문이다. '그럼요, 나무 친구가 곳곳에 얼마나 많은데요!' 아름드리나무 아래에서 울고 있는 아이 그림을 보면 내가 안아주고 싶다. 나무 앞에 서 있던 내 모습이 떠올라서다. 인간관계에 지치고 찌든 마음을 달래고 싶을 때면 정발산공원의 거대한 느티나무를 찾아간다. 볼 때마다 설레는 호수공원의 독일가문비나무 친구도 있다. 장 보러 가는 길 만나는 대왕참나무, 농협 주차장에 사는 위풍당당 은행나무와도 아주 친하다. 무엇보다, 어릴 적 집 앞에 서 있던 미루나무는 내게 가장 소중한 나무 친구다.

"좋아하는 꽃 일곱 가지를 꼽을 수 있나요?" '음, 그러니까, 꽃 좋아하는데…….' 의외로 줄줄이 말할 수가 없었다. 하던 일을 멈추고 생각에 잠겼다. 산책길에 만나면 유독 반가운 꽃 능소화! 겹겹이 섬세한 꽃잎이 예쁘고 조금씩 톤이 짙어지는 매혹적인 색감이 매력적인 라넌큘러스. 봄이면 마음에도 꽃물이 들게 하는 복사꽃과 벚꽃.《올리브 키터리지》 소설에서 각인된 '터무니없이 아름다운' 튤립. 오종종하니 귀엽고 사랑스러운 장미조팝. 해 질 녘 푸른 시간을 닮은 산수국까지. 아이패드 메모 앱을 켜서 사진을 첨부해 내가 사랑하는 꽃 일곱 가지를 적어 넣었다. 시와 그림책이 던진 질문을 받아 안고 행복하게 답하던 시간. 내 인생의 커다란 공백을 메우는, 꽃처럼 아름다운 장면이 되었다.

세상 모든 아름다움을 향해

시는 제목 그대로 〈커다란, 작은 것에 대하여〉 생각할 기회도 준다. 터무니없는 전쟁을 하는 세상 속에서 행복은 터무니없는 것이 아니라고 시인은 말한다. 인간의 감수성에서 커다란 것은 '바로 눈앞에 있는 작은 것, 작은 존재'라고 생각하는 시인은 주변에서 쉽게 발견할 수 있는 행복의 예시로 꽃들의 이름을 줄줄이 읊는다. '아무런 속셈 없이,/ 하루하루를 아름답게 하는 것들'을 우리는 얼마나 알고 있을까, 이 신선한 질문은 7월의 모임 제목으로 손색이 없었다.

'커다란, 작은 것'은 내 주변에도 얼마든지 있다. 연필, 아끼는 CD, 창문 밖 나무, 작은 인형들, 소소한 기쁨을 주는 반려 식물들, 가끔 집안 곳곳에 꽂아두는 꽃…. 신이 나서 아름다운 것들을 헤아리는데, 〈풀이 이야기한 것〉이라는 시에서 속이 상했다. 민들레는 '사람은, 아무것도 하지 않고는 있을 수가 없어.'라고 속삭이고, 미나리아재비는 '사람은, 아무것도 부수지 않고는 있을 수가 없어.'하며 슬퍼한다. 심지어 거짓말하지 않는다는 풀은 '사람만이 그곳에 없는 풍경'이 아름다움이라고 말한다. 광대나물이 사람은 아직도 '이 세상을 찬미하는 법을 몰라.'라고 중얼거리는 장면에서는 뜨끔하면서도 오기가 났다. 아니, 이럴 수가. 이런 소리를 들을 만큼 인간이 형편없다니, 안 되겠다 싶었다. 7월 첫 번째 과제는 시 이어쓰기인데, '풀들에게 고함'이라는 부제를 달고 싶었다. 이 세상을 찬미하는 인간이 여기에 모여 있다는 걸 증명하고 싶었다.

〈시 이어쓰기 "세상은 아름답다고"〉

철로를 때리는 빗소리는 아름답다고. 가로등 밑 흔들리는 거미줄은 아름답다고. 꿈나라 여행하는 아이의 보드라운 뺨은 아름답다고. 비 오는 새벽 기차를 가득 채운 사람들의 소망은 아름답다고. 바쁘게 움직이는 하루 중, 땀 식힐 수 있는 틈이 아름답다고. 그렇게 삶을 들을 수 있는 오늘이 아름답다.(전미선)

누군가에게서 누군가에게로 가닿는 마음으로 세상은 아름답다. 사람의 모습과 모양, 색깔이 가지각색이듯 사랑의 모양도 그러하다. 아픈 상처를 더 큰 사랑으로 끌어안을 수 있어 세상은 아름답다. 사랑을 주는 이도 아픈 이도 서로가 충분히 아프고 난 뒤, 통증이 없는 상태. 그 고요가 나의 하루하루를 아름답게 한다.(허은영)

투명 비닐우산으로 떨어지는 빗방울이 아름답다고. 아침 일찍 이슬을 머금은 초록 이파리가 아름답다고. 정신없이 쿨쿨 자는 딸의 얼굴이, 밤새워 뒤척이다 아침에서야 깊은 잠을 주무시는 엄마의 얼굴이 아름답다고. 초록초록한 이파리를 보며 걷는 산길에서 찾은 산딸기의 붉은빛이 아름답다고. 한여름 길거리 분수대에서 깔깔 웃으며 노는 아이들의 웃음소리가 아름답다고. 시원한 통창으로 보이는 이글거리는 도로 위의 아지랑이가 아름답다고. 여유로운 휴일의 오후 네 시의 카페 풍경이 아름답다고. 무더운 여름밤 운동 후 발갛게 달아오른 얼굴이 아름답다고. 운동 후 땀을 식혀주는 시원한 바람이 아름답다고. 공연에서 열창으로 감동을 주는 배우의 숫기 없음이 아름답다고. 삶의 곳곳에 숨어 있는 아름다움을 발견하려는 시선 또한 아름답다고.(박애라)

아이들이 올망졸망 머리를 맞대고 뭔가에 집중하는 모습이 아름답다고. 누군가를 위해 끝까지 지키는 비밀은 진실보다 아름답다고. 세월의 흔적이 느껴지는 거친 손이 아름답다고. 움트고 푸르러지고, 지고 다시 피는 것들이 아름답다고. 서로의 이야기에 감응하여 그렁한 눈물이 아름답다고. 말로는 표현되지 못했지만 전해진 위로가 아름답다고. 책과 책을 읽는 이가 만들어 내는 풍경이 아름답다고. 두려움, 상처, 고난을 짊어지고 믿음의 길을 끝내 걸어가는 믿음의 지체들이 아름답다고. 그럼에도 일상을 애써 살아냄이 아름답다고. '앓아서 아름답다'라는 말이, 그래서 각자의 아픔을 가

진 이들 모두가 꽃보다 아름답다고.(이유정)

금오산 계곡의 짙은 나무들의 초록 사이에 발 담그고 첨벙 첨벙 물놀이 하는 아이들의 신나는 얼굴들이 아름답다고. 올해는 유난히 눈에 쏘옥 들어오는 초록을 둘레에 두고 핀 배롱나무의 찐분홍꽃들이 아름답다고.(오정민)

아름답다고,에 이어 시를 쓰라는데 나는 어쩐지 아름다움을 적어보라는 이의 마음에 내내 머물렀다. 그러다 보니 그의 일상이 떠올랐다. 낯선 걸음, 낯선 몸박질, 낯선 공기. 그는 요즘 이 불편한 것들을 견디며 밤의 길에 선다. 당차고 또 외로운 인간의 뒷모습이 아름답다, 아름답다, 아름답다 하다 보니 눈물이 핑 돌았다.(자현)

오늘 나는 무엇을 했지? 밥하고 밥하고 밥하고 모두가 잠든 밤에 식탁에 잠시 앉는다. 그리고 다행이라고 말한다. 그럼에도 아름답다고 말한다. 이 모든 시간과 이 모든 자리에 나와 내 가족이 함께 있음이 내가 바라는 것이었으므로.(신선영)

사람은 아직도 이 세상을 찬미하는 법을 모른다고 했던 광대나물에게 따지고 싶었다. 여기 이 사람들 좀 보라고. 세상의 작고 작은 아름다움을 기어코 찾아내 찬미하지 않느냐고. 게다가 아름답지 않은 것들에게도 마음을 기울여 기어코 품으려는 사람들이 여기 있지 않냐고. 당당하게 말하려는 찰나 갑자기 민망해졌다. 광대나물에 대해 아무것도 몰라서였다. 부랴부랴 사진을 찾아본 순간, 싸워보지도 못하고 진 기분이었다. 이렇게 오묘한 생김새와 신비로운 색을 지닌 존재는 처음 보았다. 꽃을 받치고 있는 잎사귀도 초록 꽃처럼 어여쁜 데다 기다란 보라색 꽃망울에 매달린 하얀색 꽃잎은 귀엽고 앙증맞았다. 거꾸로 보면 하트 얼굴에 눈코입이 올망졸망 모여 있는 귀여운 외계인처럼 보였다. 직접 봤으면, 분명 호들갑을 떨면서 예쁘다고 난리를 쳤을 테다.

'아름다움이란,/ 사람만이 그곳에 없는 풍경이다.'라는 시구는 꼭 새겨둘 말이다. 자연은 아름다움 그 자체로 존재한다. 인간이 아무리 재현하려 해도, 자연의 본질적인 아름다움을 실현할 수 없다. 그런 자연 앞에서 우리는 많은 것들을 회복하고 되찾는다. 누구보다 부지런한 수집가이자 예리한 관찰자인 시인은 생존이 달린 문제만큼이나 인간에게 중요한 삶의 조건이 무엇인지 잘 알고 있다.

〈시가 뭐라고 생각하니?〉에서 별표를 친 문구가 있다. 날마다 필요한 것들을 꼽으라면 시인은 당연히 시를 뽑으리라고 예상은 했다. '눈을 뜨는데 필요한 것은, 시다.'라는 구절에 이어 씻을 때도, 창을 열고 하늘의 색을 아는 데도 필요한 것은 시라고 한다. 하루의 시작에 아침의 커피 향과 시가 필요하다는 말에 고개를 끄덕이다가, 다음 구절을 읽고는 중요한 생존 기술을 배운 듯 든든해졌다. 나이를 먹으면서 사람에게 필요한 건 두 가지, 바로 걷는 것, 그리고 시. 나이 들수록 나에게 더 필요한 것. 놓치지 말아야 할 생의 끈. 나는 시집을 단단히 부여잡는다.

책들의
비밀스러운 연대

새벽에 잠이 깨는 날들이 많아졌다. 7월 하순이었다. 오전 네 시 삼십 분, 화장실에 다녀온 뒤 잠을 청했지만 다시 잠들지 못하고 한참을 뒤척였다. 그제는 손가락을 오므리다가 아파서 한숨, 어제는 얄미운 말이 귓가에 맴돌아 한숨, 오늘은 일본의 원전수 방류 걱정에 한숨. 바다에서 나는 건 못 먹겠네, 바다에 깃들어 사는 존재의 안위보다 그저 먹고 살 걱정만 하는 내가 싫어서 또 긴 숨을 뱉어냈다.

딸각. 일어나는 게 낫겠다 싶어 스탠드를 켰다. 윤동주의 시집을 꺼내 다시 드러누워 읽기 시작했다. 유일하게 띠지를 붙여놓은 페이지부터 읽었다. 귀뚜라미 이야기다. 귀뚤귀뚤, 벌써 가을과 가까워지고 있다는데 생각이 미쳤다. 이어 읽은 시는 〈무얼 먹고 사나〉였다. 아아, 심장이 쿵. 방금까지 오만 가지 걱정하던 걸 어찌 알고 시는 이렇게 새벽같이 찾아오시나.

바닷가 사람
물고기 잡아 먹고 살고

산골엣 사람
감자 구워 먹고 살고

별나라 사람
무얼 먹고 사나
___ 윤동주, 〈무얼 먹고 사나〉

시인은 별나라 사람이 뭘 먹고 살지 걱정을 하는 사람이구나. 숨을 깊게 들이마시고 천천히 내뱉었다. '그래, 맞아. 시는 내게 심호흡 같은 거지… 어? 아! 맞다.' 오사다 히로시의 다른 책 제목이 퍼뜩 생각났다. 몸을 벌떡 일으켜(끙 허리 조심) 책장 앞에 앉았다. 맨 위 칸 중간에 꽂힌 초록 바탕에 흰 글씨,《심호흡의 필요》를 바로 찾아냈다. 갑자기 책장이 수런거리는 것 같았다. 책장 속에 숨어 있던 단어들이 제 차례를 기다리고 있다가 튀어나오는 것 같은 이 순간을 나는 얼마나 사랑하는지!

이 책을 처음 읽었을 때가 떠올랐다. 절반쯤 읽고 나서였다. 뒤표지에 실린 '말을 심호흡한다. 또는, 말로 심호흡한다. 그런 심호흡의 필요를 느꼈을 때, 멈춰서 가만히, 필요한 만큼의 말을 글로 썼다.'라는 표현이 정말 좋았다. 요가에서 호흡법을 배운 뒤 다시 읽었을 때는 느낌이 달랐다. 갈비뼈 사이로 공기가 차오르도록 한껏 숨을 들이마셨다가 천천히 어깨를 내리면서 갈비뼈를 닫고, 배와 등 사이를 좁히며 내뱉는 숨. 그러는 동안 빠져나가는 건 공기만이 아니었다. 온갖 감정의 찌꺼기들과 버려도 다시 차오르는 욕망, 아무리 막으려 해도 비집고 들어오는 걱정 근심들도 조금은 사라지는 것 같았다. 그때 맛본 안도감과 해방감을 책을 읽으면서도 입체적으로 느낄 때가 있다. 스트레스로 쿵쾅대던 심장이 책장을 넘기다 보면 어느새 부드러운 들숨 날숨으로 바뀔 때, 문장 속에서 심호흡하는 시간이다.

어느덧 푸르스름한 새벽하늘에 나무들의 실루엣이 뚜렷해졌다. 5시 20분. 매미가 맹렬히 울기 시작했다. 새들도 부지런히 지저귀며 아침을 깨우고 있었다. '별나라 사람들 안녕? 당신들은 혹시 시를 먹고 사는 건 아닌지? 8월엔 자주 만나요. 윤동주의 《하늘과 바람과 별과 시》를 날마다 읽을 거예요. 당신 걱정, 나도 해 줄게요.' 윤동주의 시 한 편으로 차원이 다른 걱정을 해 봤던 새벽이다. 그날 아침, 8월 모임 계획안을 짜다가 다시 심호흡이라는 단어를 발견했다. 이번에는 윤동주의 심호흡이다.

> 구김살 없는 이 아침을
> 심호흡하오 또 하오
> ___ 윤동주, 〈아침〉

이런 순간이 나에겐 작은 기적이다. 빨강머리 앤이 말한 모퉁이를 돌면 튀어나오는 선물, 크리스티앙 보뱅의 책 제목처럼 '환희의 인간'이 되는 순간. 책들은 비밀스럽게 연대한다. 읽고 있는 책이 친구를 불러내고, 못다 한 이야기를 다른 책이 이어 나간다.

시를 읽으며
삶을 껴안기

〈세상은 아름답다고〉 시 이어가기 이야기를 나누었던 7월 첫째 주 월요일, 그날의 대화를 마무리하며 즉흥적으로 과제를 내주었다. 류시화의 시 〈나무〉(《꽃샘바람에 흔들린다면 너는 꽃》)를 읽다가 마음이 동해서였다. 시에서 말하듯 헤아릴 수 없이 많은 사람이 나무에 대해 시를 썼다. 하지만 류시화 시인은 기어코 나무라 제목을 짓고 시를 쓰면서 우리에게 중요한 걸 말하고 싶어 하는 것 같았다. 시를 읽는 데서 그치지 않고 시를 껴안는 삶이 얼마나 우리를 가슴 뛰게 할 수 있는지를.

나무에 대한 시를 쓰다 말고 덧붙일 말이 없다는 화자는 갑자기 몇 달 동안 사람을 안아본 적이 없어 그날 아침은 '소나무를 껴안는다'라고 썼다. 장난기가 발동한 나는 이렇게 과제를 내드렸다. "산책하시다가 저 나무가 시에 나오는 그 사람이려니 하고 안아주십시오. 덕분에 나무가 횡재하는 걸로요!" 한여름 초록이 깊어질 때면 이 책들을 자주 떠올릴 것이다. 나무들과 눈맞춤할 때마다 마음 깊이 나무를 껴안고, 가끔은 실제로 나무를 부둥켜안은 채 가만히 숨을 고를 것이다. 내게 시는 심호흡하는 시간, 두 팔 가득 생을 끌어안는 순간의 이름이다. 시를 읽는다는 건, 눈앞의 존재를 사랑할 준비를 하는 몸짓 같은 것. 그러니 아무런 속셈 없이 일상을 아름답게 해 주는 시를 더 깊이 껴안을 수밖에.

시인은 무엇으로 사는가

8월

《여우와 별》
코랄리 빅포드 스미스

《하늘과 바람과 별과 시》
윤동주

8월 계획안

유난히 힘들고 지치는 날,
시와 그림책이 위안이 될 수 있을까요?
고개를 들어 하늘을 바라보기,
나의 그림자를 돌아보기.
반짝이는 시와 그림책을 읽으며
스스로 빛나는 존재가 되어 보세요.

○ 모임 준비

하나. '나의 그림자에게 이름 붙이기'
윤동주의 다른 이름들을 찾아보았습니다. '연연히 사랑하는 나의 분신들'이라고 표현한 단어들을 자세히 살펴보며 시집을 읽어주세요. 우물 속 사나이(〈자화상〉), 소년(〈소년〉), 한 번도 손들어 보지 못한 나/ 손들어 표할 하늘도 없는 나(〈무서운 시간〉), 백골(〈또 다른 고향〉), 담 저쪽의 나(〈길〉), 흰 그림자(〈흰 그림자〉), 시인(〈쉽게 쓰여진 시〉), 녹슨 거울 속의 나(〈참회록〉), 때를 잃고 병을 얻은 사나이(〈위로〉), 슬퍼하는 자(〈팔복〉), 괴로운 사람(〈산골물〉), 전등 밑을 헤엄치는 인어(〈거리에서〉).

길을 걷다 보면 나의 그림자가 다양한 모습으로 드리워집니다. 선명하게 때로 흐리게, 짧거나 길게. 해가 만드는 그림자가 있고 가로등이 내 모습을 보여주기도 합니다. 그림자 속에서 현실 속의 나와 다른 모습을 만난 적은 없나요? 주의 깊게 그림자를 관찰해 보세요. 사진과 단상을 나누며 나의 그림자에게 이름을 지어주세요.

둘. '윤동주의 〈서시〉 낭독 파일 공유하기'
같은 시를 낭독해도 각기 다른 목소리로 듣는 서시는 느낌이 모두 다를 겁니다. 본인이 낭송했을 때의 느낌과 다른 목소리로 들었을 때는 어땠는지 이야기 나누어요.

○ 모임

톨스토이는 《사람은 무엇으로 사는가》에서 세 가지 중요한 질문을 우리 앞에 내어놓았지요. 사람의 내부에는 무엇이 있는가, 사람에게 허락되지 않은 것은 무엇인가, 결국 사람은 무엇으로 사는가.
시인은 어떨까요? 윤동주는 '사람은 무얼 먹고 사는가?'라고 질문합니다. 시인이 본 장터에는 시들은 생활, 가난한 생활, 올망졸망한 생활, 쓴 생활이 펼쳐집니다. '업고 지고, 안고 들고, 밀려가고 밀려오고, 되질하고 저울질하고, 자질하다가 바꾸어 또 이고 돌아가는' 풍경입니다(〈장〉). 불안, 어둠, 공포에 찌든 삶 속에서도 '나무 틈으로 반짝이는 별만이/ 새날의 희망으로 나를 이끈다'(〈산림〉)라며 힘을 냈던 시인은 우리의 시선을 다른 곳으로 이끕니다.

〈무얼 먹고 사나〉 시를 읽고 나면 《여우와 별》에 나온 '고개를 들어 하늘을 봐!'라는 문장이 더 깊고 강렬하게 심장을 파고들 겁니다. 당신은 무얼 보고 있나요? 시를 통해 현실 너머의 풍경을 보고 있나요? 당신은 무얼 먹고 사나요? 두 책은 여러분에게 어떤 질문을 남겼나요? 윤동주의 시와 《여우와 별》을 읽고 한 편의 글을 자유롭게 써서 발표해 주세요. (A4 한 장 내외)

○ 모임 이어가기

'구김살 없는 이 아침을/ 심호흡하오 또 하오(〈아침〉)'
어떤 시를 읽으며 심호흡하셨나요? 필사 사진을 공유해 주세요.

감히 윤동주

모두에게 공평한 아름다움, 별

나라를 잃고, 사랑하는 사람을 떠나보내고, 삶의 터전을 빼앗기고, 이름마저 강탈당하는 상황에서 무엇을 붙들고 버틸 수 있을까? 인간의 존엄이 무참히 짓밟히면 어디에 기대어 견딜 수 있을까?

책을 읽다가 여러 번 목격한 장면이 있다. 절체절명의 순간에 사람들의 시선이 향하는 곳. 전쟁터의 질퍽한 참호 속에서, 망

망대해를 지키고 서 있는 등대 위에서, 참혹한 감옥 안에서 고개를 들면 늘 같은 자리에서 빛나는 존재. 한 치의 오차도 없고, 정해진 시간을 어기지도 않으며, 한 번도 배반하지 않고 질서정연하게 모습을 드러내는, 별이었다.

벨마 월리스 소설 《두 늙은 여자》는 연장자로 존중받고 대접받던 두 여자가 추위와 굶주림으로 부족이 몰살당할 위기에 처하자 하루아침에 버려지는 이야기로 시작된다. 존엄이 무너진 자리, '둔중한 분노'에 휩싸여 모든 걸 포기하고 싶은 순간, 여든 살 칙디야크는 새벽녘 장엄하게 빛나는 별을 바라보며 생의 의지를 북돋운다. 《바다 사이 등대》에 나오는 톰이 1차 세계 대전의 야만적인 살육 현장 속에서 미치지 않고 살아 돌아온 것도 참호 속에서 밤새도록 올려다보던 별 덕분이었다. 윤동주에게도 별은 추억이자 사랑, 그리운 어머니의 다른 이름이었다.

고개를 드는 것부터
시작하기

행복하고 평안한 일상이 무너지는 일들은 수

시로 찾아온다. 불현듯 찾아오는 상실감과 외로움, 위축된 마음과 헤어날 길 없는 슬픔에서 벗어나기 위해서는 어떻게 해야 할까? 그럴 때 필요한 건 어떻게든 움직이는 것이다. 고개를 드는 것부터가 시작이다. 그림책 속 여우가 내게 가르쳐 준 것이다.

코랄리 빅포드 스미스의 《여우와 별》은 무언가를 잃어버린 여우가 외로움과 무력감에 오랜 시간 어둠 속에 웅크리고 있다가 소중한 것을 되찾는 여정을 보여주는 그림책이다. 감각적인 디자인과 섬세한 그림이 돋보일 뿐만 아니라 여우의 심리를 효과적으로 보여주는 타이포그래피도 멋지다. 무엇보다 운율감 있는 문장이 한 편의 시 같다.

LOOK UP BEYOND YOUR EARS 고개를 들어 하늘을 봐!
___ 코랄리 빅포드 스미스, 《여우와 별》

눈에 보이는 것 너머를 바라보는 힘은 어디에서 오는 걸까. 시인 윤동주가 헤아렸던 별들 속에는 그리움과 회한, 사랑하는 마음, 수치와 참회의 감정들이 점점이 박혀 있었다. 별 하나하나에 이름을 붙여가던 그때나 지금이나, 그나 우리가 간절히 원하는 건 희망이 아닐까. 윤동주는 그 '희망'을 '나무 틈으로 반짝이는 별' 속에서 찾아낸다. 불안한 마음과 고달픈 몸, 짓밟힌 가슴과 공포에 떠는 마음을 안아주고 '새날의 희망으로 나를 이끄는 것'을 찾아내기까지 시인 동주도 고개를 들어 하늘을 보는 것부터 시작했을 테다.

**힘들게 일어선
나의 그림자에게**

　　　　　　영화 동주에서 몽규는 열여덟 살에 신춘문예에 당선될 정도로 글을 잘 쓰지만 동주에게 "너는 시를 계속 써라. 총은 내가 들 거니까."라며 독립운동에 매진한다. 윤동주는 부당한 현실에 저항하며 오욕의 시대를 사는 이들의 심정을 대변한다. 불가항력의 현실 앞에서 그가 한 일은 위대한 시를 완성하는 것이 아니었다. 오히려 더 연약한 존재를 살피며 나약한 자신을 추스르고 성찰하기 위해 애쓰는 일이었다. 《하늘과 바람과 별과 시》를 읽다 보면 윤동주의 분신 혹은 다른 이름이라 여길 만한 표현을 곳곳에서 만날 수 있다. 우물 속 사나이, 소년, 한 번도 손들어 보지 못한 나/ 손들어 표할 하늘도 없는 나, 백골, 담 저쪽의 나, 흰 그림자, 시인, 녹슨 거울 속의 나, 때를 잃고 병을 얻은 사나이, 슬퍼하는 자, 괴로운 사람, 전등 밑을 헤엄치는 인어 등이 그렇다. 그중 유독 눈에 들어오는 단어는 '그림자'였다. 그림자는 나의 오랜 산책 친구다. 운동이든 산책이든 혼자 나설 때가 많다. 늦은 저녁, 때로는 지독히 외롭다. 그럴 때면 가로등 불빛에 의지해 나를 따라오는 그림자에게 자주 손을 흔들어준다. 나무 그림자가 진하게 드리워지는 곳에서는 요리조리 몸을 움직이며 나무 사이에 폭 안긴 듯한 최적의 포즈로 사진을 남기곤 한다.

윤동주도 타국에서의 긴긴밤, 조국을 생각하면 치솟아 오르는 울분과 슬픔, 가족을 향한 사무치는 그리움을 달래려고 정처 없이 길을 나섰던 모양이다. 돌담을 끼고 뻗어 있는 길을 걷다가 '쇠문을 굳게 닫아/ 길 위에 긴 그림자를 드리우고' 돌담 앞에서 눈물짓는다.

돌담을 더듬어 눈물짓다
쳐다보면 하늘은 부끄럽게 푸릅니다.

풀 한 포기 없는 이 길을 걷는 것은
담 저쪽에 내가 남아 있는 까닭이고,

내가 사는 것은, 다만,

잃은 것을 찾는 까닭입니다. (1941. 9)

___ 윤동주, 〈길〉

나의 그림자에게도
다정한 안부를

그림책 《미루와 그림자》를 처음 읽다가 후드득 눈물이 떨어진 이유는, 그림책 속 작은 아이 미루가 꼭 나 같아서만은 아니었다. 그림자 속에 감춰진 온갖 표정들, 표현할 길 없어 그림자 속으로 밀어 넣었던 잃어버린 단어들이 그림자 밖으로 튀어나오는 것 같아서였다. 그림책을 소개한 후 회원들이 보인 반응도 비슷했다.

그림자를 의식하고 사진을 찍다 보니 '질투하는 나, 욕심쟁이 나, 다 때려치우고 싶은 나, 무책임한 나, 슬픈 나, 억압받는 나'를 숨기며 살아온 건 아닐까. 그런 마음들을 그늘 속에 두고 겉으로는 씩씩하게 살아가고 있는 것이 아닌가 싶었습니다. 빛의 각도에 따라 모양이 바뀌는 모습이 시시각각 바뀌는 제 마음 같았습니다. 그리고 제 모습과 그림자를 모두 담으려면 누군가가 찍어줘야만 한다는 것도 이번에 그림자 사진을 찍으면서 알게 되었네요. 사진에 그림자가 주인공일 때는 제가 없더라고요. 그림자만 있는 것도 아니고 저만 있는 것도 아니니 둘 다 잘 챙겨서 살아야겠어요. 재밌는 미션 감사합니다.(전미선)

미션을 보고 분명히 내가 사진을 찍은 기억이 있는데 싶어서 한참을 찾았습니다. 자주 산책하러 나가는 안양천 둑길에서 찍었는데, 생각이 참 많았고 또 살짝 우울했던 기억이 납니다. 찾아서 보니 색감 때문인지 사진에서도 우울의 기미가 보이는 것 같아요.《미루의 그림자》책에 보면 '뒷모습에도 쓸쓸함이 배어 보인다'라고 하는데, 그림자에도 쓸쓸함이나 우울함이 배어 나올까 생각해보게 됩니다. 녹음된 내 목소리를 들을 때 낯선 느낌이 든 것처럼 내 그림자이지만 나 같지 않은 나와도 만납니다. 의외로 날씬(?)한 나, 키가 크고 다리가 긴 나…. 지금 사무실에서 잠깐 나의 그림자를 찍어봅니다.(박애라)

올려주신 미션을 보면서 저의 그림자보다는 어머니의 그림자를 생각했습니다. 부모 그늘이라는 게 그림자의 다른 표현이구나, 새삼 깨닫게 되었습니다. 제 그림자를 모르고 저를 감싸는 그늘. 저의 그늘과 부모의 그림자를 분리하지 못한 걸 아버지가 편찮으실 때 알게 되었는데, 이번 미션을 통해서는 부모님의 그림자를 찾아보고 싶어졌습니다.(허은영)

제 그림자를 가장 자주 들여다봤던 건 산티아고 순례길에 서였습니다. 프랑스 국경 생장피드포르에서 출발해 산티아고 대성당까지 가는 길이 동쪽에서 서쪽으로 이어져 있다 보니 매일 그림자를 바라보고 걷게 되었어요. 그때도, 지금도 나만의 길을 걷고픈 열망은 여전하고, 삶의 균형을 잡으려고 분투하는 것도 여전하고, 걷는 것도 여전한 것이 다행일까 불행일까 하는 생각을 종종 합니다. 살다 보면 고통스럽게 운동화 끈을 조일 때가 있잖아요. 그때도, 어떻게든 몸을 일으킨 내가 기특하다고 그림자가 인사를 건네옵니다. 기쁜 내가 좋다고, 나의 걸음이 좋다고, 그렇게 나아지려는 내가 좋다고. 그림자가 썩썩하게 저를 이끌어 줍니다.(자현)

내 그림자가 어딘가에서 저렇게 돌아다니고 있으려나 싶었다가, 그럼 그 그림자는 어떻게 찾아야 하나 싶었다가, 나 말고 다른 주인을 찾는 게 더 나을 거야 이랬다가, 그럼 그림

자 없는 나는 어떻게 살아야 하지, 이러고 있어요.(신선영)

〈사랑스런 추억〉이라는 시에는 '간신한 그림자'라는 생소한 표현이 나온다. 간신히 버텼다는 뜻이겠거니, 하고 별 감흥 없이 지나쳤던 단어를 윤동주가 한때 살았던 집터를 직접 보고 난 뒤 돌이켜보게 되었다. 11월 중순, 4개월 동안 시모임을 함께했던 성은 씨와 서촌 투어를 했다. 서울시 종로구 누상동 9번지. 태극기 아래 '윤동주 하숙집 터'라는 동판이 걸려 있다. 1941년 당시 연희전문학교(현 연세대학교)에 재학 중이었던 윤동주는 소설가 김송의 집에서 하숙 생활을 했다. 안소영의 장편소설 《시인 동주》에는 그때의 생활상이 생생하게 담겨 있다.

소설은 영화 〈동주〉와는 다른 방식으로 윤동주라는 인물의 서사를 보여준다. 우리가 익히 아는 시들이 어떤 배경 속에서 쓰였는지, 시인의 일상과 주변 인물, 구체적인 에피소드 속에서 시인이 어떤 마음으로 시를 썼는지 헤아려볼 수 있었다. 그 책에서 읽었던 장면, 존경하는 스승 김송이 일제의 감시 속에서 마음 졸이며 살아가는 모습을 속수무책으로 바라보던 동주의 고뇌가 되살아났다. '여기구나.' 쌀쌀한 초겨울 날씨에 한껏 움츠러들었던 몸이 더 서늘해졌다. 그가 수없이 걸었던 교정을 내 아들도 지나다녔다. 영화 〈동주〉에서 생체 실험 목적으로 주사를 맞고

추위에 떨던 시인의 마지막 얼굴이 스쳤다. 그때 나이가 스물일 곱. 2023년 올해 아들의 나이와 같다. 한기가 밀려들었지만 어깨에 걸친 숄을 풀러, 얇은 옷을 입고 있던 성은 씨에게 둘러주었다.

윤동주는 아픈 시대를 살아가는 사람들을 위로하기 위해 쓴 시집의 제목을 처음에는 '병원'으로 지으려고 했다고 한다. 그러다가 서문으로 쓴 시에서 '하늘과 바람과 별과 시'라는 제목이 나왔다. 오래도록 사람들을 어루만져 주고 위로해 주는 것은 우리 가까이에 있는, 하늘과 바람과 별과 시라는 깨달음이었으리라.

윤동주는 봄이 오던 아침 정거장 플랫폼에 '간신한 그림자를 떨어뜨리고' 서서, '희망과 사랑처럼 기차를 기다렸던' 시인이었다. 해 질 무렵이면 길모퉁이에서 온종일 '시들은 귀를 가만히 기울이는'(《흰 그림자》) 사람이었다. 오래 마음 깊이 '괴로워하던 수많은 나'를 떠나보내고 나면 '거리모퉁이 어둠 속으로/ 소리 없이 사라지는 흰 그림자'를 '연연히' 사랑하는 시인이었다.

연연하다는 게 뭘까 궁금해져 사전을 찾다가 울컥했다. 내게는 시커멓고 무겁고 감추고만 싶은 마음의 그림자를 이제는 '빛이 엷고 산뜻하며 곱게'(娟娟히) 바라볼 수 있을까? 하루하루 열심히 살다가도 나의 존재감이 흐릿해져 서글퍼질 때가 있다. 그래서인지 불현듯 길 위에 길게 드리우는 그림자를 보면 와락 반가울 때가 있다. 그때 길 위에 서서 '여기 내가 있네! 안녕?' 하고 손을 번쩍 들곤 했다. 어쩌면 그건 '눈에 보이는 것처럼 뚜렷하게'(蜓然히) 존재하고 싶은 나를 응원하고 사랑하는 방식이었던 것 같다. 이제는 혼자 걷는 길이 덜 쓸쓸하겠다. '애틋할 정도로 그립게'(戀戀히) 시인의 흰 그림자를 떠올리며 연연히 사랑하는 마음으로 내 그림자를 바라볼 테니.

한 걸음씩
다가가다 보면

　　　　　8월 모임의 여운이 가시지 않았을 무렵 윤동주 문학관에 다녀왔다. 마른 나뭇잎이 바람에 버석거리는 소리에 귀를 기울이며 산책로를 따라 천천히 걸었다. 자고 일어나면 들려오는 소식들에 깊은 한숨을 쉬는 날이 잦았다. 상식적이고 합리적으로 돌아가는 세상과는 점점 멀어지는 것 같아 뉴스만 보면 마음이 가라앉았다. 부당함과 억울함과 참담함을 넘어 생존의 위협으로 날마다 목숨을 내놓고 살아야 했던 애국지사들은 마음의 고통을 어떻게 감내하며 살았을까? 생각만 해도 숨이 턱 막혔다. 문학관이 가까워질수록 후회가 밀려들었다. 도망치고 싶었다. 겁이 많고 비겁한 내가 그 시대에 태어났다면… 생각만으로도 벌써 기가 질렸다. 그래도 문을 열고 들어섰다. 윤동주의 시는 나를 배척하지 않을 테니까. 영화에서도 정지용 시인이 동주에게 그러지 않았던가. 부끄러움을 아는 건 부끄러운 게 아니라고.

윤동주의 시는 순하고 맑다. 거칠고 세게 다가오는 말이 별로 눈에 띄지 않는다. '세상을 바꿀 용기가 없는 사람들이 문학 속으로 숨는 게 아니냐'고 몽규가 물었을 때 동주는 말했다. '시도 자기 생각을 펼치기에 부족하지 않으며 사람들 마음속에 살아있는 진실을 드러낼 때 문학은 온전하게 힘을 얻는다고.' 동주와 동경 릿교대 다카마쓰 교수가 시인 워즈워스에 대해 나눈 대화 속에도 깊이 새겨둘 말이 있었다. '결국 세상을 움직이는 건 개개인의 깊은 내면의 변화들이 모이는 힘'이라는 것. 그 힘을 만드는 강력한 동력은 시, 곧 문학일 수 있다는 걸 이제는 확실히 안다.

1년 동안 시모임을 하면서 우리는 얼마나 많이 달라졌는지. 기발한 시의 발상에 놀라는 동안 관찰의 힘이 생겼고, 설명할 길 없었던 감정에 이름을 지어주고 풀이해준 시인들 덕분에 내 감정의 실체를 마주할 용기가 생겼다. 아름다운 시어들을 차곡차곡 노트에 기록하며 일상에서 쓰는 단어들을 바꾸려고 노력했고, 시를 낭송하며 시의 언어로 소통하려 애썼다. 시가 나를 받쳐주고 있는 것 같아 자주 감동했고 힘이 났다. 그렇게 차곡차곡 쌓인 것이 내면의 힘이 아닐까. 무엇보다 내 안에는 계속 증발하고, 졸아들며 진해지는 무언가가 있었다. 애정이었다. 시를 좋아하는 마음이 농축되어 단단한 질감으로 나를 지탱하고 있었다.

  사실, 시모임이니 윤동주 시집은 다뤄야 할 것 같은 의무감이 있었다. 하지만 역사 속 인물이자 교과서에서 마주치던 윤동주를 다른 방식으로 알아가는 동안 시를 대하는 내 마음과 태도는 달라졌다. 올해 스물넷인 딸이 고등학교 1학년 때 윤동주 영화를 보았을 때도 그랬다.

  교과서에서 본 윤동주 시인의 모습은 단정하고 고지식하며 약간은 차가운 모습이었다. 하지만 영화가 보여 준 윤동주 시인은 어리바리하고, 여자 앞에서는 얼음이 되며, 심지어는 열등감까지 있었다. 물론 영화 속의 윤동주 시인이 실제와 똑같지는 않겠지만 유명한 시인 중 한 명이었던 그가 인간적으로 다가왔다.

  영화는 좋았다. 중간중간 배우가 시를 낭송할 때마다 교과서에 나온 그 시를 주제와 특징, 문단으로 나누면서 공부했던 것이 생각났다. 그럴 때마다 헛웃음이 나왔다. 시가 쓰였을 법한 상황과 그 당시의 환경, 윤동주 시인이 느꼈을 생생한 감정을 주제 한 줄과 특징 몇 가지로 줄여버리고, 시험을 목적으로 달달 외웠던 것이 부끄러웠다. 또 부러웠다. 같이 쓰이리라고는 생각해 본 적도 없는 단어와 단어의 조합으로 새로운 표현을 만들어 내는 시인이. 예전에는 그냥 읽고 넘어갔던 시의 모든 표현이 영화를 보고 나서는 새롭고 놀라웠다.

영화를 보러 가기 전에 이미 본 사람들의 후기와 감상평을 찾아봤었다. 물론 좋은 평들도 많았지만 역사를 이용해 관심을 얻으려 한다, 지루하다, 이해가 되지 않는다 등 부정적인 평가가 눈에 많이 띄었다. 그러나 영화를 보면서 나는 기존의 평들과는 다른 감정과 마주했다. 내가 동주가 된 것도 아니고 몽규가 된 것도 아니었지만, 그냥 왠지 모르게 내가 그곳에 있는 것처럼 몰입해서 봤다. 무엇보다 잔잔해서 좋았다. 격하게 싸움을 하며 독립을 외치지도 않았고, 사랑에 목매면서 눈물 흘리지도 않았다. 그런데도 그 어떤 영화보다 벅찬 감동을 주었다. 그냥 이 감정을 무슨 말로 설명해야 할지 모르겠다. 윤동주 시인이라면 지금의 내 감정을 어떤 말로 표현했을까?

─2016. 3. 7. 영화〈동주〉를 보고, 김하연

"엄마, 이제 서시를 다른 마음으로 읽게 될 것 같아." 딸의 목소리를 잊을 수 없다. 국어 교과의 일부로 '공부해야 하는 시'를 '가슴으로 느끼는 시'로 경험한 것만으로도 영화는 큰 의미가 있었다. 너무 유명해서 수시로 귀에 스치는 이름 윤동주. 교과서 속에서 만난 윤동주. 대학 수업에서 리포트를 썼던 윤동주. 아이들 시험 범위 속에 등장했던 윤동주. 좋아하는 감정보다는 존경해야 했던 윤동주. 그의 엄마뻘이 된 나이가 되어서야 인간 윤동주, 시인 윤동주를 제대로 바라볼 수 있었다.

그러는 동안 알았다. 무언가를 제대로 좋아한다는 건 쌓이는 시간이 있어야 하고, 알려고 애쓰는 마음이 있어야 가능하다는 걸. 2016년, 고등학생이던 아들이 선물한 윤동주 시집을 읽으며 가슴이 저릿했는데, 영화 〈동주〉 속에서 낭송되는 시에 가슴이 사무쳤다. 소설을 읽으면서야 비로소 그의 외로움과 괴로움이 내 현실의 무게감만큼 겨우 가늠이 되었다. 그는 여전히 책 속에만 존재하고 영화 속에서나 겨우 실체를 가늠해 볼 수 있는 사람이었다.

윤동주 문학관을 둘러보다 영상을 상영하는 철제 건물 앞에 섰을 때였다. 닫힌 문 앞에서 다음 상영 시간을 기다리고 있었다. 새로 시작할 시간인데도 문이 열리지 않았다. 아무도 없었던 거다. 문학관은 인왕산 자락에 버려져 있던 청운 수도가압장과 물탱크가 있던 자리에 세워졌다. 제1전시실인 '시인채'는 윤동주 시인의 인생을 사진으로 볼 수 있고 친필원고 영인본이 전시되어 있다. 제2전시실은 '열린 우물'로 '자화상' 시에 등장하는 우물에서 모티브를 얻어 용도 폐기된 물탱크의 윗부분을 개방해 만들었다고 한다. 제3전시실은 '닫힌 우물'로 말 그대로 물탱크 안에서 영상물을 보게 되어 있다.

폐관 시간이 다가오고 있었고 다른 관람객이 올 기미는 보이지 않았다. 영화에서 본 감옥이 연상되는 어둑한 실내를 들여다보며 선뜻 들어가지 못했다. 육중한 철문을 조금 열어둔 채 문가에 서서 보기 시작했다. 계단 아래로 의자들이 놓여 있었는데, 십여 분 되는 영상물을 끝까지 서서 봤다. 여차하면 도망갈 궁리를 하면서. 영상물 속에 등장하는 윤동주 사진들, 그의 고향과 가족, 육필 원고를 보면서 무서운 분위기에 짓눌려 떨면서도 두 손을 가지런히 앞으로 모으고 최선의 예의를 갖추며, 겨우 시인 곁에 서 있었다.

두어 달 뒤 서촌의 윤동주 하숙집터에서 조금 더 시인에게 다가설 수 있었다. 윤동주가 살았던 집 앞에 서 보고 나서야 아들의 등굣길 위로 그의 존재가 겹치며 소름이 돋았다. 아침마다 올랐다던 수성동 계곡 입구에서 걸음을 옮길 때마다 목이 멨다. 윤동주라는 이름 뒤에 생겨나는 마음들이 바짝 좁아든 것만 같았다. 그렇게 농축된 마음으로 이제는 정말 윤동주를 좋아한다고 말할 수 있을 것 같았다.

시에게
손을 내밀 때

잎새에 이는 바람에도 괴로워하고, 녹슨 거울 속의 자신을 참회하며 원망과 연민 사이에서 방황하고, 때때로 시를 쓰는 것을 부끄럽게 여기면서도 시 쓰기를 멈추지 않고 삶을 향해 힘겹게 나아갔던 윤동주. 그의 시는 죽음으로 끝난 게 아니다. 오히려 죽음과 동시에 살아나 지금의 나에게까지 영향을 미쳤다.

그는 '등불을 밝혀 어둠을 조금 내몰고/ 시대처럼 올 아침을 기다리는 최후의 나'(《쉽게 쓰여진 시》)를 염원했던 시인이다. 그의 시는 지금도 어둠을 몰아내는 힘이 있다. 시인의 최후는 비참했지만, 그가 쓴 시는 내 삶 속에 생생하게 살아 숨 쉰다. 가만한 그림자가 되어 곁을 맴돌며 친구가 되어준다. 시인이 들여다본 녹슨 거울처럼 나를 돌아보게 해 준다.

윤동주의 시를 읽을 때마다 단어의 윤곽이 진해지는 것 같다.

곱씹어 읽을수록 의미가 분명해진다. 더없이 따스하고 다정한 말들 사이에서 희미하던 나의 존재감이 선명해진다. 시인의 존재감 또한 점점 더 묵직해진다. 나는 윤동주가 고맙다. 더 쓰이지 못하고 영원히 묻힌 그의 시어들이 아까워 죽겠다. 그가 너무 추워하며 죽어간 것이 가슴 아프다. 잘생긴 그의 얼굴이 영원히 늙지 않는 게 안타깝고, 그를 지키지 못한 나라가 원망스럽다.

  이 글을 참 오래 붙들고 썼다. 감히 윤동주라니. 넘어지고 엎어진 채 그 자리에 머물고 싶은 때가 많았다. 그래도 다시 윤동주에게 가고 싶었다. 결코 〈쉽게 쓰여진 시〉가 아니었을 그의 시를 소중히 품고 다시 모니터 앞에 앉았다. 손가락 마디가 저릴 때마다 자판 위에 나란히 놓인 손을 마주 잡았다. '나는 나에게 작은 손을 내밀어/ 눈물과 위안으로 잡는 최초의 악수(〈쉽게 쓰여진 시〉)'를 하는 시인의 모습을 떠올리며 손가락을 포갰다. 열 개의 손가락이 서로를 깊이 끌어안을 때마다 경건해졌다.

시가 빛나는 밤에

9월

《오늘은 하늘에 둥근 달》 아라이 료지

《혼자의 넓이》 이문재

9월 계획안

달이 둥글어지는 이유를 설명하는 방식은
여러 가지가 있습니다. 과학자들은 달의 공전으로
위치가 달라지며 태양 빛을 받는 각도에 따라
달의 모양이 달라진다고 설명할 것입니다.
동화 작가는 다양한 방식으로 이야기를 들려주며
아이들의 상상력을 자극하지요.
시인은 어떨까요? 헤아릴 수 없이 많은 사람이
동시에 올려다보는 커다랗고 환한 달.
시인은 달을 보며 생각합니다.
각자의 어둠 속에서 간절히 바라는 꿈과
그리워하는 마음, 오래 염원하는 것들이 달을 향해
올라가 모이기에 저리 빛나는 거라고.
'지상의 아픈 마음들 다 받아'내느라 둥글어지는
거라고 말이지요. 이문재 시 〈달의 백서 1〉에서
달이 둥글어지는 이유를 알게 되면 이전과는
다른 마음으로 달을 볼 수밖에 없습니다.
9월 한 달, 시가 빛나는 밤에 나눌
이야기를 기대합니다.

○ 모임 준비

하나. '그림책 필사하기'

《오늘은 하늘에 둥근 달》의 문장을 필사해 보세요. 구석구석 그림을 살펴보세요. 필사한 종이를 가장 눈길이 오래 머문 그림책 속 풍경 옆에 배치한 후 사진을 찍어주세요. 단상과 함께 공유해 주세요.

둘. 보름달이 환히 뜬 날, 창을 열고 고개를 길게 빼고 쳐다본 경험이 다들 있으실 거예요. 〈혼자의 넓이〉라는 시에서는 '어둠에게 들키지 않으려고' 창을 열고 '달빛에게 말을 걸기도' 하는 이가 등장합니다. 그런 혼자의 시간에 겪는 마음을 어루만지듯 시인은 '우리 혼자'라는 말을 씁니다. 마치 달빛이 부르기라도 한 듯 보름달에 이끌려 혼자 산책하는 한 사람. 우연히 마주친 나무 그림자를 하염없이 바라보는 한 사람. 그의 시선을 생각하다 울컥했던 순간이 생생합니다.

추석 연휴, 분주하고 고단한 일정 속에서도 '모두의 밤에, 각자의 밤에 선물 같은 달님'을 바라보며 다정하게 말을 걸어볼까요? 혼자의 넓이를 가늠하며 조금은 쓸쓸해질 때 '누군가의 안쪽으로 스며들고 싶은' 그 마음이 서로에게 가닿는다면 얼마나 훈훈해질까요. 혼자여도 함께일 수 있는 시간,《미루의 그림자》처럼 내 그림자를 되찾는 시간을 함께해보고 싶습니다. 달빛에게, 서로에게 말을 거는 시간의 풍경을 영상에 담아 공유해 주세요.(영상에 담겨야 하는 것들: 달, 목소리, 그림자)

○ 모임

1. 이문재의 시를 읽다 보면 시선이 전도되는 신선한 충격을 맛볼 수 있습니다. 맨 끝에 서서 지금 여기가 맨 앞일 수도 있다는 가능성, 시작점에서 종착지를 가늠해 보는 용기. 돌이켜보면 끝이 새로운 시작이 되었던 경험이 있지 않으신가요? 혹은 끝이 어떨지 뻔히 알지만 그럼에도 시작한 적은 없었나요? 여러분의 경험담을 들려주세요.

2. 〈얼굴〉에 보면 '조금 낯설지만/ 알고 보면 아주 낯익은 이야기다'라는 시구가 인상적입니다. 지금 내 앞에 있는 사람이 가장 소중한 사람이라 여기며 살아야겠다고 결심하곤 합니다. 그런데 시는 우리가 놓치고 있는 중요한 것을 상기시킵니다. 지금 여러분 앞에 있는 사람은 여러분을 가장 귀중한 사람이라 여기며 대하고 있나요? 타인으로부터 얻는 존중감이 충족되지 않을 때, 우리는 어느 자리에, 어떤 곳에 있어야 할까요? 내가 가장 귀한 존재임을 여러분은 누구에게서, 어디에서, 어떤 순간에 느끼시나요?

3. 《혼자의 넓이》에는 스마트폰을 소재로 쓴 시가 여러 편 있습니다.
'스마트폰을 껐는데도 내가 켜지지 않았다(〈스트라이크〉)'라든지, '잠시 한눈파는 사이/ 스마트폰이 또/ 손을 훔쳐갔다(〈손 단속〉)', '사람과 사람 사이에 스마트폰이 있었다

'《사람》'라는 표현 속에는 제 일상이 그대로 담겨 있었습니다. 시가 현실을 반영하는 방식에 관해 이야기를 나누고 싶습니다. 시를 통해 마주하는 현실 문제는 일반적인 현실 인식과 다른 부분이 있을까요? 이 시들을 읽으며 어떤 느낌이 드셨나요?

4. 이문재 시인은 이반 일리치의 말을 인용합니다. '시와 도서관 그리고 자전거가 인류를 구원할 것'이라고 말이지요. 그러면서 〈이 먼 나라를 아십니까〉라는 시에서 '좋은 이야기가 좋은 삶, 좋은 사회를 만듭니다'라고 하며 이 시가 '끝없이 이어지는 좋은 이야기'의 첫 문장이 될 수 있기를 희망한다고 했습니다. 구원까지는 요원하더라도 우리는 좋은 나라를 부지런히 꿈꾸며 희망하며, 먼 나라의 이야기가 우리 가까이에 실현되도록 애써야 하겠지요. '아직은 미미하지만 곧 우리 앞에 나타날 좋은 나라'의 목록을 이어 써 주세요.

○ 모임 이어가기

'가을 시 배달하기'
시집을 읽다가 떠오르는 사람이 있으실 겁니다. 위로의 시든, 격려의 시든, 그저 좋은 걸 나누고 싶은 마음이든 누군가에게 시를 배달해 주시면 어떨까요? 정성과 애정을 담아 낭독하신 후 음성 편지와 함께 보내보세요. 어떤 시를 보냈는지, 받은 분의 반응은 어떠셨는지, 무슨 대화가 오갔는지 이야기를 들려주세요. 낭독 파일은 희망하시는 분만 공유해 주시고요. 시를 나누고 전파하는 아름다운 풍경을 상상해 봅니다.

우리는 그렇게
시가 되어가고

혼자의 넓이를
가늠해 보는 시간

　　　　　한 달에 한 번 정기적으로 열리는 독서 모임이 다섯 개, 글쓰기 모임은 격주로 진행한다. 다양한 책을 읽는 즐거움도 있고, 한 가지 주제를 깊이 파고들며 읽는 모임도 유익하다. 함께 글을 쓰며 서로 피드백하는 과정에서 글쓰기의 기쁨과 보람을 만끽하기도 한다. 책으로 삶을 돌보고 가꾸는 일에 대해 강의하는 시간은 신이 났고, 도서관이나 책방에서 초대받아 북

토크를 할 때면 내가 어쩌다 이런 멋진 자리에 강사로 서 있는지 감격할 때가 많았다. 돈을 벌어 좋았고, 좋아하고 아껴주는 사람들에 둘러싸여 있을 때면 행복했다. 다 괜찮을 줄 알았는데, 시도 때도 없이 깊은 공허감이 밀려들었다. 모든 것이 부담스럽고 벅차 아득해지기도 했다.

자정이 지난 시각, 강의가 끝난 뒤 침대 위에서 몸을 동그랗게 말고 누워 있을 때가 있다. 충만함과 공허감이 뒤섞인 묘한 기운으로부터 나를 보호하듯 최대한 몸을 작게 만들어 무릎을 끌어안는다. '혼자의 넓이'를 실감하는 순간이다. 강의 제안을 받을 때나 모임이 좋았다는 후기를 읽을 때는 한껏 부푼다. 원래부터 잘 나가는 사람처럼, 앞으로는 더 잘 될 것처럼. 그렇게 더 넓은 반경으로 움직이는 나의 모습을 상상하다가 펑! 다시 꺼지는 그때, '혼자'의 공간과 시간을 가늠해 보는 것이 필요하다. 아무런 관계의 끈이 연결되지 않은 혼자의 세계 속에서 나는 괜찮은가, 하고.

'혼자의 넓이'라는 말이 드득득 가슴에 새겨지던 날을 기억한다. 평소 좋아하던 이문재 시인의 신간 제목이었다. 그의 다른 시집 《지금 여기가 맨 앞》은 새하얀 표지에 때가 타도록 읽었다. 모임에서 시집을 소개하고 시를 낭독해 준 기억도 수두룩하다. 숨어 있고 싶다는 마음과 많은 이들의 관심과 애정을 받으며 긴

밀하게 연결되고 싶다는 마음 사이에서 늘 흔들리는 나…. 시집 속에서 '누군가의 안쪽으로 스며들고 싶어'라는 구절을 발견했다. 이미 시집 깊숙이 스며들고 있던 나는 시의 말들에 마음을 포갰다.

힘을 내자, 서로를 바라보며

혼자의 넓이라니. 시집을 집어 들 때마다 감탄했다. 나무가 드리우는 그늘을 보며 시인은 혼자의 넓이에 대해 사유했다. 손을 잡고 걷는 노부부, 반려견과 함께 뛰는 사람들, 아이들 쫓아가느라 바쁜 젊은 부부, 이야기를 나누며 걷는 내 또래의 여자들, 장난치며 뛰어가는 중고생들까지. 혼자 저녁 운동을 하러 나갈 때면, 함께 걷는 사람들이 그렇게 부러울 수가 없었다.

가로등에 비쳐 길게 드리워지는 내 그림자는 그날 기분에 따라 달리 보인다. 그림자를 연연히 사랑하는 윤동주의 시를 기억하며 다정히 손을 흔드는 날이 대부분이지만, 가끔은 울적하다. 그럴 때면 무성한 느티나무 아래로 갔다. 길 위에 선명하게 드러난 수형의 조화로움에 감탄하며 탐스럽게 매달려 있는 나뭇잎들 사이에 얼굴을 들이밀었다. 마치 나무의 일부인 양, 내 팔다리가 가지인 척 기념사진을 찍곤 했다. 밤 산책길에 만났던 나무 그림자 속에 나를 들이밀며 혼자인 시간의 외로움을 감추려고만 했다. 시집을 읽다 보면 묘한 느낌에 사로잡힐 때가 있다. 나의 평범한 일상 행위를 지켜보던 시인이 넌지시 말을 걸어오는 것 같아서다. '그때 기분 이런 거 아니었어? 그 마음에 이름을 붙인다면 '우리 혼자'라는 말 어때?' 〈오래된 기도 3〉에 나오는 이 말이 얼마나 정겨웠는지. 이문재 시집 속에는 혼자인 존재를 오래 지켜보는 시선이 느껴진다. 해가 기울고 노을이 곱게 번져갈 즈음 이유 모를 서러움 같은 게 밀려드는 건 '누군가의 안쪽으로 스며들고 싶은 마음'이라고 설명해준다. '우리를 힘들게 하고, 힘 빠지게 만든 것들(〈오래 만진 슬픔〉)'은 결국 우리에게 힘이 될 거라고 다독인다. '혼자 있음이 넓고 깊어질 수 있도록' 지켜봐 주고, 기다려 주고, 오래도록 기도하며 '멀리서 보고 싶어 하는 생각들'이 '서로서로 맑고 향기로운 힘'이 될 거라고 격려해준다.

  늦은 저녁, 홀로 걷던 거리에서 휑한 혼자의 자리를 나무가 채워주고 있었다는 걸 뒤늦게 깨달았다. 길쭉하게 홀로 서 있는 내 그림자에 묻어나는 적적함과 허전함은, 그린 듯 정교하고 선명했던 나무 그림자로 들어서는 순간 더없이 다정한 풍경으로 변했다. 나무와 한 여자가 서로를 '우리 혼자'라 여기며 다정하게 감싸 안는 장면. 매번 그 장면을 스스로 연출하며 나는 '혼자의 넓이'를 '함께하는 우리'로 채우려고 했던 것일 수도 있다. 말없이 곁에 앉아 있는 것만으로도 마음 안쪽으로 따스함이 스며들었던 이들을 향해, 같이 걷고 싶은 마음과 그리운 마음을 전하고 싶어서, 사진을 찍고 SNS에 공유한 것일 수도 있다.

매일 해가 지면 나무에게 찾아오는 그림자처럼 멀리 떨어져 있어도 잊지 않고 찾아오는 그리운 얼굴을 떠올리며 나무 앞에 서 있곤 했다. 그 시간이 내게는 혼자의 넓이를 가늠하는 시간이자, '함께'의 폭을 넓히려고 애쓴 시간이었다. 《지금 여기가 맨 앞》이라는 말이 위안이 되었던 것도 맨 끝에 서 있는 마음을 보듬어 안아주는 시의 말 때문이었다. 저마다 모두 맨 끝이어서 '지금 여기가 맨 앞'일 수 있다는 말이나, '지금 내가 정면이다'라는 말은 얼마나 힘이 되는 말인지. 크고 작은 열패감에 시달릴 때나 아무리 부지런히 걸어도 늘 제자리걸음인 듯싶을 때, 한없이 뒤처지는 기분으로 울고 싶어질 때, '지금 여기'에서 새로 시작하는 마음으로 시를 읽곤 했다.

가을,
끝이 시작이라는 역설

9월. 아침에 창문을 열면 서늘하고 맑은 공기가 피부에 스며들어 뿌옇고 탁한 정신을 개운하게 훑고 지나간다. 일상에 환기가 필요할 때 시는 신선하고 효과적인 자극이 될 수 있다. 흐트러진 마음을 잠시나마 정돈할 틈새가 되어주기도 한다.

나이 들어감을 피부로 느끼며 마음 주름이 깊어질 때 이정호의 그림책 《산책》에 나오는 질문을 떠올린다. "미래의 나는 지금의 나에게 무슨 말을 하게 될까?" 한 모임에서 이 질문을 나누었더니, 30대 여성 회원이 이렇게 대답했다. "어차피 인생에 답은 없어. 그냥 열심히 살아." 너무나 단순한 당부에 웃음이 빵 터지긴 했지만 깊이 수긍할 수밖에 없었다. '그치, 답이 없지. 나중에 뭔가 근사한 해답을 찾거나 좋은 게 나타날 거라고 기대하고, 지금보다 훨씬 괜찮아질 거라고 예상하지만 실제는 그렇지 않지.' 하며 고개를 끄덕였다.

살면서 여러 가지를 시도하다가 실패를 예감할 때가 있다. 끝에 도달했을 때 내가 원하는 결과가 나오지 않을 수도 있다는 걸 너무 일찍 알게 되는 때도 있다. 그래도 지금 그걸 하는 게 맞는 것 같고, 기어코 하고 싶고, 그러니 하고 말겠다는 게 무엇인지 이야기를 나눠보고 싶었다. 결과와 상관없이 정말 좋아하니까 꼭 해보고 싶은 거라면 어쩌면 그게 가장 소중한 것일 테니 말이다. 끝이 어떻든 지금 내가 기꺼이 하고 싶은 일이 많았으면 좋겠다. 아주 사소한 작은 계획부터 큰 인생의 계획까지. 끝을 가늠해 보는 힘은 중요하다. 이미 끝에 가서 본 풍경을 상상하며 지금 여기를 둘러보면 모든 풍경이 소중할 것이다. 죽을 걸 뻔히 알지만 최선을 다해 열심히 사는 이유, 결국 중요한 건 '현재의 나'라는 걸 이미 알고 있기 때문이 아닐까. '지금'이라는 촘촘한 순간들이 모여서 삶을 채운다는 것. 그 삶의 끝을 보고 현재가 얼마나 소중한지를 확인하는 힘은 살아가는 데 중요한 삶의 기술이다.

《지금 여기가 맨 앞》을 읽으며 유난히 맨 끝과 맨 앞, 맨 처음과 맨 나중이라는 시어를 쓴 이유가 궁금했다. 끝자락에 서 봤을 때의 좌절감이나 허망함, 실패감을 경험했기 때문일 가능성도 있지만 누구보다 절실한 마음으로 타인의 자리에 서 보려 애쓰는 '시인'이라서가 아닐까 생각했다. 어쩌면 혼자의 넓이를 가늠하며 언젠가 맨 끝에 당도한 사람에게 들려줄 말을 준비하고 있었을 테다. 그러니 그의 시를 읽은 나는 거기가 어디든 다시 시작할 수 있다는 용기를 얻는다.

특히 열패감에 시달리며 맨 끝에서 주춤거릴 때, 이 시집은 유용한 안내서가 될 수 있다. 내가 시작점이라 여기며 '이쪽에서 다시 시작하겠어'라고 몸을 휙 돌려 앞을 향해 나아갈 동력도 얻을 수 있다. 남들이 보지 않는 각도로 바라볼 때 새로운 가능성이나 기회가 생길 수도 있다. 이 시집을 읽으며 새롭고 신선한 '관점'과 스스로 만들어 내는 '가능성'에 대해 생각했다. 맨 끝에 서 있지만 지금 여기서 새로 시작할 수도 있다는 가능성, 시작점에서 종착지를 가늠해 보는 용기와 실천에 대한 의지. 나는 이런 것을 자기계발서가 아닌 시집에서 얻는다.

그렇게 우리 일상은
시가 되고

9월 시와 그림책 모임이 끝나고 오늘따라 모임이 참 좋았다는 문자 한 통을 받았다. 그랬다. 이번 달 모임은 시작부터 달랐다. 아무도 구체적으로 언급하지 않았지만 서로를 바라보는 그윽한 눈길과 어느 때보다 차분한 어조에서 모임의 분위기가 달라졌음을 느꼈다. 9개월 동안 함께 읽은 시가 우리 일상에 어떻게 스며들었는지, 시는 우리에게 어떤 존재인지, 시의 언어가 우리의 대화를 어떻게 이끌고 가는지, 자연스레 모임은 시에 대한 찬사와 서로를 고마워하는 이야기로 이어졌다. 새삼 뭉클했다. 다 같은 심정이라는 공감의 기류가 화면 속에 흐르는 듯했다.

대부분 자기만의 돌덩이 하나씩을 짊어지고 산다. 지극히 개인적이고 내밀한 사연으로 이루어진 그 돌이 너무 무겁고 버거워서 잠시나마 타인의 손에 맡기고 싶어 하거나 함께 들어주었으면 하는 마음으로 이야기를 쏟아놓기 쉽다. 반면 마음을 활짝 열고 들을 준비가 되어 있는 사람들 앞에서 이야기의 수위를 조절하는 사려 깊은 사람들도 있다. 참여하는 사람들에 대한 애정과 존중에서 나오는 태도다.

9월 모임에서 시집을 읽으며 마음을 정돈하며 잘 견디고 있다는 이야기를 들었다. 그림책을 보며 함께한 활동 덕분에 위로받고 힘이 났다는 이야기도 있었다. 한 사람 한 사람 돌덩이 이야기를 얼마든지 자세히 나눌 수도 있는 모임이었다. 자식 걱정, 삶에 켜켜이 쌓인 상처, 뿌리 깊은 불화, 일에 대한 부담과 한계, 선택한 길에 대한 회의와 불안, 온전한 나로 살 수 없는 현실의 고단함, 노화와 질병에 대한 불안까지.

한 달에 걸쳐 시집 한 권을 읽고 그림책을 수시로 들춰보며 주어진 과제를 해내는 동안 우리는 달라졌다. 흐트러진 생각과 복잡한 감정, 일상의 고단함 사이에 시집과 그림책이 놓여 있었다. 종종거리며 하루가 어떻게 지나가는지 모를 때, 아차, 시집 읽고 뭐 해야 하지, 그림책 미션이 있었는데, 하며 잠시 숨을 고르던 우리. 나의 슬픔과 고통, 마음의 어려움을 홀로 감당하며 깊이 고민하고 생각하고 사유하는 동안 우리는 단정하고 단단한 말의 힘에 의지했다. 시의 말들이 우리 입술을 통해 흘러나오길 고대했다. 차분하게 정돈된 마음, 문제투성이 삶을 관조하는 시선, 담담한 말투, 승화시키려 애쓰는 사이 체화된 시의 말들. 시가 우리에게 남긴 선물이었다.

당신 앞에
시 한 줄

단톡방에서 보름달처럼 환한 이야기꽃을 피웠던 밤이 떠오른다. 각자가 서 있는 자리에서 달을 찍기 위해 마당으로, 옥상으로, 공원으로 나선 이들의 사연들이 올라왔다. 아라이 료지의 《오늘은 하늘에 둥근 달》에 나오는 달처럼 탐스럽고 어여쁜 달을 서로에게 선사하고 싶은 마음으로 달을 찍기 위해 최선을 다했던 밤이다.

'별, 공평한 아름다움'이라는 제목으로 글을 쓴 적이 있다. 보름달이 누구에게나 공평한 선물이라는 말을 그림책에서 발견하고 눈물이 핑 돌았다. 유모차에 누워 있는 아기, 밤늦도록 발레 연습을 하고 버스를 타고 집에 돌아가는 소녀, 새 운동화를 산 소년, 같은 기타곡을 몇 번이나 연습하는 사람, 설거지하는 할아버지와 그릇을 정리하는 할머니. 모두의 시선이 한곳에 모이는 달밤 풍경은 얼마나 따스하고 아름다운지. 곰과 고양이와 고래, 꽃과 나비, 온갖 동물들, 달은 누구도 차별하지 않고 소외시키지도 않으며 골고루 빛을 비춘다. 재봉틀로 옷을 만드는 가게의 커튼 뒤로 빛나는 달빛은 깊은 숲속 동물들의 잠자리에도, 먼바다 높이 튀어 오르는 고래의 등에도 고루 가닿는다. 달빛처럼 공평하게 시의 따스한 온기도 많은 이들에게 전해졌으면 좋겠다. 시인의 마음은 더 간절할 것이다.

시집의 말미 〈이 먼 나라를 알으십니까〉라는 시에는 우리가 꿈꾸는 좋은 나라의 예가 줄줄이 나온다. 등록금을 나라에서 다 대주는 나라부터 달리기 시합에서 아이들이 나란히 손을 잡고 함께 골인하는 나라, 새를 키우고 텃밭을 일구게 하며 환자를 치유하는 병원이 있는 나라. 시인 또한 이상적으로 생각하는 나라에 대해 언급한다. 좋은 이야기가 좋은 삶, 좋은 사회를 만드는 그런 나라. 마지막 구절에서 시인은 '이 시가 끝없이 이어지는 좋은 이야기의 첫 문장이 될 수 있기를, 당신이 이 이야기를 이어나가기를' 하는 바람을 보탠다.

 혼자의 넓이가 필요할 때는 고즈넉한 자기만의 방에서 시를 만났으면 좋겠다. 그 혼자가 외롭고 쓸쓸할 때면 '우리 혼자'들이 시의 방에 모여 함께 시를 읽으면 어떨까. 멀기만 한 그 좋은 나라는 시 한 줄로 시작할 수 있다. 지금 여기, 당신 앞에 이 시집을 건넨다.

지독히 다행한, 우리 사이의 겨를

10월

《지독히 다행한》
천양희

《바닷가 아틀리에》
호리카와 리마코

겨를 : 어떤 일을 하다가 생각 따위를 다른 데로
돌릴 수 있는 시간적인 여유≒틈

당신의 겨를

지
독
히 다
       행
       한
       일

깊어지는 건
애정뿐

하루하루 바쁘게 살다가 숨이 찰 때면 두어 시간 아늑한 공간에 틀어박혀 아무 생각 없이 쉬고 싶을 때가 있다. 아무리 책이 좋아도 그 시간만큼은 책도 멀리 둔다. 책 속에서 만나는 이들조차 버거울 만큼 지쳐 있어서다. 멍하니 하늘을 바라보는 것도 한계가 있고, 긴 시간 편하게 있을 공간을 찾기도 쉽지 않을 때 시집은 유용하다. 작은 공간에 잠시 혼자 있어도 흡족하게 마음을 채워주는 시 한 편이면 오롯이 나로 존재할 수 있다. 그렇게 혼자 시를 읽는 동안 '시는 내가 홀로 있는 방식'이라는 시집 제목 하나가 천천히 스며들었다.

나는 이 시집의 제목을 '시를 읽는 건 내가 홀로 있는 방식'이라고 읽곤 한다. 낯선 단어 하나 없이도 뜻은 새롭고, 단어들 사이의 의미는 두터워 오래 들여다본다. 그러는 사이 책상 위 어지러운 풍경들이 아웃 포커스 되고 가지런한 시의 말들이 가만히 다가오는 것 같다. '사물들의 경이로운 진실들(《엮이지 않은 시들》)'이 드러나는 순간이다. 몇 마디 시어만으로도 마음이 진정될 때, 나에게는 어떤 사물보다도 시집 한 권이 경이롭다.

한없이 평화롭고 느긋한 일상이어서 시를 읽었던 적은 별로 없다. 어쩌면 시집을 펼쳐 드는 것 자체가 사치 같을 때, 어떤 활자도 눈에 들어오지 않을 만큼 마음이 엉망진창일 때, 시집의 제목만 뚫어져라 보며 마음을 가다듬을 때가 많았다. 외로움이 사무치는 날에는 '오랜 슬픔의 다정한 얼굴(칼 윌슨 베이커)'을 기다리는 심정으로 시집을 쓰다듬기도 했다. '나는 행복과 함께 불행도 취한다(《양떼를 지키는 사람》)'는 페소아의 말처럼 행복한 순간에는 모른 척하고 싶은, 불행의 가능성을 인정하기도 한다. 신비롭고 아름다운, '셀 수 없는 것들이 우리 안에'(《다른 송시들》)' 있다면 신비롭고 아름다운 그것들을 찾아보고 싶어지기도 했다.

시를 많이 읽는다고 해서 시에 대해 더 많이 알게 되는 것 같지는 않다. 매번 새롭고, 여전히 낯설고, 자주 난해하다. 깊어지는 것은 애정뿐이다. 시에 대한 글을 발견하면 지레 반가워 눈을 크게 뜨고 열심히 읽는다. 때로 문학 평론가가 쓴 난해한 시론을 읽으면 어렴풋이 감을 잡았던 시에 대한 느낌도 내동댕이쳐지는 것 같다. 그런데도 시에 대한 글에 매혹당하고 만다. 함부로 침범할 수 없는 비밀스러운 세계가 있다는 걸 알기에, 시의 행간을 해석하려는 긴긴 문장들에 멀미를 느끼면서도 기어코 끝까지 읽는다. 옮긴이 김한민이 쓴 50여 페이지에 달하는 페소아의 시론은 참 좋았다.

그래서 그는 그저 쓰기만 했다. 동시에 밀려오는 생각의 파고들을 받아들이면서, 양 떼 아니 생각 떼의 목동으로 남기를 자처하면서, 지치지 않고 꾸준하게, 머릿속을 흐르는 작은 생각의 실타래 하나조차 놓치지 않으려 노력하면서. 완성에 번번이 실패했던 것과 마찬가지로, 그는 쓰기를 멈추는 데에도 실패했다. 그는 쓰기 위해 썼고, 구체적인 목적 없이도 썼고, 일관성 있는 사고나 논리 전개를 염려하지 않고 써나갔다. 그래서 파편적 글쓰기는 그에게 "문제가 아니라 해결책"(피사로, 2012, 108쪽)처럼 보이기까지 한다. 그리고 만약 그랬다면 그것은 무의식적인 해결책이

었으리라. ─ 김한민, 〈작품에 대하여 : 시인, 페소아〉, 《시는 내가 홀로 있는 방식》

  몇 주 내내 글을 쓰고 싶은 욕망에 시달렸다. 머리와 가슴 속에 휘몰아치는 이야기들에 수시로 마음이 비틀거렸다. 쓸 시간이 없어서 괴로운 건지, 쓰고 싶지만 쓸 자신이 없어서 망설이는 건지, 쓰기 전부터 어떤 목적을 따지는 나를 견딜 수 없어서인지, 쓰기 시작하면 힘들 게 두려워서인지 도무지 갈피를 잡을 수 없었다. 페소아가 '쓰기를 멈추는 것에 실패했다'라는 말이 왜 이렇게 좋을까. 내게는 SNS에 두서없이 쓰는 글의 조각들이 무의식적인 해결책이려나. 페소아는 '시인이 되는 건 나의 야망이 아니다'라고 했다. 그저 '그건 내가 홀로 있는 방식'이며 '나의 시선은 해바라기처럼 맑다'라고 썼다. 나는 시를 쓰며 그 방식을 따라 할 수는 없지만 시를 읽으며 혼자인 시간을 견디고 힘든 나를 위로한다. 내가 홀로 있는 방식이다.

  매달 시집을 선정하고 함께 읽을 그림책을 고르는 일은 내 삶을 다른 차원으로 이끄는 비밀 의식과도 같았다. 억지로 찾아내지 않아도, 어느 순간 그달의 시집이 눈앞에 놓여 있곤 했다. 새로 산 시집이 아니라 대부분 읽었던 시집, 자주 꺼내 보는 시집일 때가 많았다. 하지만 9월은 뭔가 좀 이상했다.

  9월쯤 되면 알게 모르게 뒤처지는 나를 발견한다. 무더운 여름을 나느라 몸부터 지친 상태. 새 마음으로 열심히 살아보겠다고 1월부터 내처 달려온 아홉 달. 12월까지 남은 시간이 고작 4개월, 코앞에 다가온 가을이 당혹스럽다. 매달 꾸준히 하던 일도 버겁게 느껴지고 꾀도 나고 새로 계획을 세우는 것도 신나지 않은 달. 어떤 한계 같은 것일 수도 있겠다. 무엇보다 처음 이 모임을 시작한 이유를 되짚어보다가 중요한 걸 놓치고 있다는 걸 알게 되었다. 서두르지 않고 천천히 읽기. 고요하게 머무르며 깊게 사유하기. 그런 시모임을 바랐는데, 자꾸 질문하고, 부산하게 움직이라며 부담을 준 건 아닐까? 그러다 이 모임도 바쁜 일상의 짐이 되는 건 아니었을까?

 10월만큼은 다르게 진행하기로 마음먹었다. 아무 과제도 없이 각자가 원하는 방식대로 자유롭게 읽어보자고 제안했다. 어떤 질문도 하지 않고 그냥 읽기. 아홉 달 동안 우리가 읽어온 시집과 그림책들을 쌓아놓고 보니 믿는 구석이 좀 생겼다. 다만 걱정되는 게 하나 있었다. 과제가 없으니 아무 때나 시집과 그림책을 볼 것 같지만 과연 자주 시간을 내서 읽게 될까? 다른 일들에 우선권을 주고 급한 일을 먼저 하느라 오히려 더 못 읽을 수도 있을 것 같았다. 자신을 위해 먼저 시간을 할애하기보다는 가족이나 남을 위해 시간을 쓸 가능성이 컸으니까. 그래서 고민했다. 어떻게 하면 한 달 동안 즐겁고 행복하게 시를 읽게 할까?

10월의 계획안에 텅 빈 화분 하나를 그렸다. 밑바닥에는 '당신의 겨를'이라는 문구를 단정히 내려놓았다. 10월 우리에게 필요한 것은 '겨를'이라고 생각했다. 어떤 일을 하다가 생각 따위를 다른 데로 돌릴 수 있는 시간적인 여유. 생각만 돌릴 게 아니라 나를 향한 관심도 되찾고, 영혼이 쉴 틈도 마련하는 한 달을 상상해 보았다.

생소한 두 단어의 조합

내 방 창문으로 보이는 상수리나무는 다른 나무에 비해 느릿느릿 계절을 맞이하고, 오래 미련을 떨며 계절을 보낸다. 길고 긴 갈색의 겨울을 연둣빛으로 밀어내는 봄의 부산함 속에서도 나무들은 시치미 떼고 겨울 행세를 한다. 마른 갈색 잎사귀들이 봄바람에 사그락사그락 흔들리는 모습을 보며 '쟤네는 봄이 한창인데 왜들 저렇게 꼭 붙어 안 떨어지는 거지?' 생각할 때가 많았다. 그러다 어느 날 정신 차리고 보면 반들반들 연하디연한 아기 잎들이 나풀거리며 신나게 바람과 어울려 춤을 추고 있었다.

낭창낭창하게 흔들거리는 연둣빛 잎사귀들이 튼튼한 초록색 잎들로 무성해지는 여름이면 창은 거대한 풍경화가 된다. 창밖 작은 숲에 군데군데 노란 기운이 감돌고 산벚나무의 가지들에 간간이 붉고 노란 잎사귀들이 보이기 시작하면 가을이 코앞에 와 있다는 신호다. 하지만 10월 중순이 되어도 창을 그득 채우고 있는 상수리나무의 이파리들은 여전히 초록인 채 한여름 나무 같은 모습으로 서 있다. 아침저녁으로 공기가 차가워지면서 생기를 잃은 것처럼 보일 뿐 여전히 싱그러운 나무. 그러다 11월이 다 되어 금빛 잎사귀를 하나둘 내보이기 시작하다가 하루가 다르게 황금빛으로 넘실대기 시작하면 창가의 풍경화는 가을로 제목이 달라지고 햇빛이 비칠 때마다 가슴이 울렁거린다.

〈다시 쓰는 사계〉라는 시의 첫 구절을 보고 감탄을 했더랬다. '초록이 조금씩 지쳐가더니' 바람의 분위기가 달라지며 가을이 시작되었음을 알아채는 시인. 나는 창밖의 상수리나무가 언제 색이 바뀌는지 관찰만 할 뿐 나무의 고단함까지는 생각하지 못했다. 아, 상수리나무가 지쳐가는 거였구나! 지난 '여름'이 더운 게 아니고 지난 '일'이 더웠다는 표현에도 마음이 툭, 떨어지는 것 같았다. 시 속에 쓰인 '수고로운 인생', '안간힘' 같은 단어가 지쳐서 생기를 잃은 나를 가만히 어루만져 주는 것 같았다. 그러다 마지막 문단에서 솟아오르는 어떤 기운을 감지하고 깜짝 놀랐다. 시가 가진 놀랍고도 신비로운 에너지를 맛본 순간이다. '사는 일이/ 거두는 일보다/ 지독히 다행한 계절'이라는 구절. 처음에는 생소한 두 단어의 조합에 놀랐지만, 78년의 세월, '머리에서 가슴까지 참 먼 길이었다. 그 길이 나를 견디게 했다'는 시인의 말은 깊은 위안으로 남았다.

"시모임에 성공한 사람으로 만들어 주세요."

10월 셋째 주 토요일 시모임이 있던 날이었다. 그날 늦은 오후까지 서울의 한 도서관에서 진행된 독서 모임을 마치고 온 터라 좀 지쳐 있었다. 밤 10시, 반가운 얼굴이 모니터에 하나둘 나타났다. 입꼬리가 자연스레 올라갔다. 도서관 모임에서 소개했던 랄프 왈도 에머슨의 '진정한 성공' 이야기로 모임을 시작했다. 엄마로서 나의 성공은 무엇일까? 아내로서 성공한다는 건? 대한민국에 태어난 한 시민으로서 성공적인 삶을 산다는 건 어떤 의미일까?

나에게 성공이란 무엇일까. 늘 어려운 질문이다. 정답이 있을 리 없다. 늘 같은 대답이 나오지도 않는다. 도서관 모임에 참여하신 분들이 각자 자기만의 성공 정의를 적는 동안 나도 새로 썼다. 이번에는 비교적 수월했다. 구체적인 범위를 정하고 썼기 때문이다. 사회적인 기준의 성공과는 여전히 먼 답변이었다. 북 코디네이터, 독서 모임 기획자이자 운영자로서 진정한 성공은 무엇일까.

"당신 때문에 이 책 읽었어요. 선생님이 글 쓰라고 계속 꼬셨잖아요. 그래서 이렇게 글을 썼네요? 작가님 때문에 내가 시집을 읽고 있더라고요! 선생님 덕분에 용기 내서 독서 모임에 다녀왔어요. 저도 할 수 있다고 해서 독서 모임을 꾸렸어요. 작가님 강의 듣고 가족 북클럽을 시작할 수 있었어요. 작가님 책 읽고 엄마 북 코디네이터가 되었어요."

나의 성공은 '하게 만드는 사람이 되는 것'이다. 좋은 걸 보여주고, 괜찮은 걸 말해주고, 나은 길로 안내하는 데서 그치지 않는 것. 결국은 같이하는 것이다. 내가 하는 일의 명확한 지향점이다. 이타적인 성공일 수도 있어 잘 해내고 싶다. 꼭 성공하고 싶다. 그 일을 잘 해낸다면 내 주위에는 나처럼 읽고 쓰고 안내하고 나누는 사람이 북적일 것이다. 그래서 부탁했다. "여러분, 저 좀 성공시켜 주세요. 시와 그림책 모임에서 보여주세요. '나, 시 읽는 사람이야! 시를 누리며 산다고. 같이 시 좀 읽어볼 테야?' 이렇게 자랑하고 초대하는 사람이 되어주세요."

지독히 다행한,
우리 사이의 겨를

그림책 《바닷가 아틀리에》는 한 아이가 할머니의 어린 시절 이야기를 들으면서 시작된다. 액자식 구성의 이야기 속으로 쑥 빨려 들어갔다 나오면 여러 감정이 파도처럼 너울댄다. 엄마의 지인인 화가 아줌마와 보낸 일주일, 아이에게는 다양한 풍경들이 각인된다. 이런저런 안 좋은 일이 있어 학교를 쉬고 있다가 방학을 맞은 아이는 평범한 듯 특별한 일주일을 보낸다. 고양이와 놀고 그림을 그리고 빨래를 널고 바닷가에 나가 수영한다. 아이가 잠시 머물 수 있게 곁을 내어준 한 어른의 사려 깊은 마음은 다양하고 구체적인 행위로 드러난다. 아이를 특별히 손님처럼 여기지 않고 자신의 일상을 함께 나눈다. 평소처럼 그림을 그리고 규칙적으로 물구나무서기와 운동을 하고 장을 본다. 어떤 날은 미술관도 함께 둘러본다. 마지막 날에는 소박한 파티로 함께한 시간을 기념한다.

둘이 바닷가 바위 위에 나란히 앉아 하염없이 바다를 바라보는 장면이 좋았다. 아이를 둘러싸고 있는 청연한 풍경에 나도 덩달아 숨을 고르며 쉬었다. 구석구석 놓인 소품들이 정겨워 언젠가 아기자기한 공간 하나 마련하고 싶다는 생각도 했다. 나도 그림책의 화가처럼 특별한 시간을 선물하며 살아도 좋겠다. 화가 아줌마는 어쩌다 한적한 바닷가 아틀리에서 사는지, 아이의 집에는 무슨 일이 있었는지 알 수는 없지만, 인생의 어느 중요한 시절 누군가의 환대와 선의가 두고두고 영향을 끼친다는 이야기에 매혹될 수밖에 없었다.

마지막 날 검은 드레스를 입은 화가 아줌마와 귀에 빨간 꽃을 꽂고 연두색 원피스를 입은 아이가 등장한다. 마무리 말을 한마디씩 하자는 화가 아줌마의 제안에 아이는 '이렇게나 많은 그림을 그리고, 그림책도 많이 읽고, 고양이와 실컷 놀았습니다'라고 하더니 '최고의 하루하루를 보냈습니다'라고 말했다. 아이가 할머니가 되어서도 평생 잊지 못할 특별한 시간이었다는 걸 드러내는 말이었다.

그림책은 여러 번 읽을수록 드러나지 않은 이야기가 궁금해진다. 낭만적인 바닷가 아틀리에라도 외딴 바닷가에 홀로 사는 삶이 유유자적하지만은 않았을 터. 그가 일상을 유지하는 힘은 어디에서 오는 걸까. 그러다 깨달았다. 정해진 시간에 그림을 그리고 요가를 하고 산책을 하는 일상의 일들이 삶을 지켜내는 단단한 버팀목이 된다는 것. 때로 자신의 시간과 공간을 나누며 타인을 돌보는 일 속에서 삶을 지탱하는 단단한 힘이 생길 수도 있다는 것. 무엇보다 아무것도 안 하고 가만히 앉아 바다를 바라보는 시간이 평생 추억이 될 소중한 시간이 될 수도 있다는 것을.

"마지막 날에도 우리는 바다에 갔어.
평소와 다름없이 둘 다 수영복을 입고 갔지만, 그날은 나도 수영은 안 했어.
바람에 몸을 맡긴 채 파도 소리를 들으며 둘이서 바위에 앉아 멀리 바다를 바라보기만 했지."
"그 기분 알 것 같아요. 할머니는 그렇게 하는 걸로 그 여름의 추억을 오래오래 기억하고 싶었던 거겠죠.
할머니, 나도 전부터 쭉 그런 사람을 만나고 싶었어요."

―― 호리카와 리마코, 《바닷가 아틀리에》

10월, 한 해가 훌쩍 지나가 버렸다는 당혹감이 밀려오는 때, 열심히 사느라 숨이 차는지도 모른 채 달려왔다는 걸 감지하는 시기. 그럴 때일수록 우리에겐 겨를이 필요하다. 글을 쓰기 시작하는 순간부터 도망가는 마침표를 찾아 헤매다가 자포자기하는 심정으로 모니터 앞에 앉았던 날, 창밖은 황금빛으로 넘실거렸다. 지쳐가는 상수리나무의 여름이 내게 마지막 인사를 하는 것 같았다. 아침 햇살이 부드럽게 비치는 가을 숲. 황홀했다. 나의 언어로는 도저히 표현할 길 없는 풍경을 그저 바라만 보았다. 홀로 있으나 좋아하는 마음으로 충만했던 시간이었다.

깊고 그윽하고, 정답고 따뜻한 시의 목소리

11월

《나는 시를 써》
질 티보 글
마농 고티에 그림

《Love That Dog》
샤론 크리치 글
로트라우트 S · 베르너 그림

11월 계획안

시모임을 시작하기 전 우리가 했던 말들을 떠올려보세요.
시는 어려워요.
무슨 말인지 모르겠어요.
시를 아무나 쓰나요?
…
잭의 말이 달라지는 것처럼 우리도 바뀐 게 있을까요?
깊고 그윽하고, 정답고 따뜻한 시의 목소리를 들어보세요.

○ **모임 준비**

하나. '나는 시를 (따라) 써'
《나는 시를 써》 그림책의 글을 필사합니다. 일주일 동안 나누어 필사하며 단상을 씁니다. 그중 두 편을 소개해 주세요. 필사한 글과 단상 모두 공유해 주세요.

둘. '시 쓰거나 그리기'
'게시판이/ 모든 아이들의 시들로/ 꽃을 피운 것 같아요/ 노랑, 파랑, 분홍, 빨강, 초록색/ 종이로 가득하네요// 그리고 책장은/ 책들로 싹을 틔운 것 같네요.'(86)
45, 48, 50쪽에 등장하는 시를 참고하여 나만의 나무 시를 써(그려) 보세요. 꼭 시, 그림 형식이 아니어도 좋습니다. 시집과 그림책을 보며 영감을 받은 대로 자유롭게, 하고 싶은 대로 해 보세요. 사진으로 공유합니다.

○ 모임

- 깊고 그윽하고, 정답고 따뜻한 시의 목소리로 띄우는 편지 쓰기
- 지난 시간을 돌아보며 '한 달에 한 권 시와 그림책 모임' 식구들에게 편지를 씁니다.
- 조명을 끄고 초를 켜고 낭독할 예정입니다. 초를 준비해 주세요.

○ 모임 이어가기

'깊은 슬픔을 승화시키는' 시

'잭의 마음을 움직인 시들. 윌리엄 블레이크, 로버트 프로스트 등을 통해 샤론 크리치는 동전의 양면처럼 고통과 기쁨이 함께하는 삶의 진실을 보여 준다. 시로써 마음이 움직이고, 아픈 상처가 천천히 아물고, 어린 인생이 풍요롭고 아름다워진다.'
___ 옮긴이의 말

여러분에게도 '깊은 슬픔을 승화시키는' 시 한 편이 있었나요? 가을에서 겨울 사이, 곁에 두고 읽었던 시집 중에서 함께 나누고 싶은 시 한 편씩 낭송 부탁드립니다.

"당신이 나의 시"

"시가 정말 좋아요."

《Love That Dog》는 '처음 북클럽'을 함께하는 용숙 씨의 소개로 읽게 된 책이다. 그는 당시 미국에 머물고 있었는데 아이들이 공부하는 책을 함께 읽고 이런 평을 남겼다. '일상은 시가 되고, 시는 다시 이야기가 된다.' 이토록 매혹적인 소개 글에 어찌 책을 안 읽겠는가! 2022년 1월 '처음 북클럽'에서 함께 읽으면서도 좋았는데, 11월 시모임을 준비하며 다시 읽었을 땐 '이건 우리 얘기네!' 하는 말이 절로 나왔다.

잭은 스트렛치베리 선생님의 작문 수업에서 '시는/ 여자애들이나 쓰지/ 남자애들은 안 쓰거든요' 하며 첫 문장을 '시 쓰기 싫어요'라고 시작한다. 잭이 했던 말들은 우리 입에서도 수시로 튀어나왔던 말이다. 계획안을 짜면서 이런 말을 들을지도 모른다고 생각했던 걸까? 나는 잭의 말이 각각 다른 목소리로 귀에서 웅웅대는 것 같았다. '난 이 시를 이해할 수 없어요, 미안해요, 시 낭송은 참 듣기 좋지만 시는 정말 모르겠어요, 이 시집은 진짜 어려워요, 시 같은 건 쓸 수가 없다니까요, 시도해 봤지만 잘 안 돼요, 그 얘긴 쓰고 싶지 않아요, 너무 하시는 거 아니에요? 저희한테 왜 이러세요?'

누구에게나 꺼내기 힘든 이야기가 있을 것이다. 어디서부터 시작해야 할지 몰라 깊이 묻어 둔 사연이나 표현하기 힘든 감정들이 뒤얽힌 이야기. 그런 이야기일수록 깊은 공감과 위로를 받고 싶을 것이다. 잭은 커다란 상실감을 표현할 단어를 갖고 있지 못했다. 그런 잭에게 스트렛치베리 선생님은 시로 다가간다.

스트렛치베리 선생님의 교육 방식은 치밀하다. 천천히 단계별로 잭을 돕는다. 자신의 마음을 들여다볼 수 있는 시어 하나, 이야기를 풀어낼 힌트가 될 시 한 편을 넌지시 잭 곁에 놓아둔다. 그중 1월에 우리가 함께 읽은 로버트 프로스트의 시가 나와 반가웠다. 가던 길을 멈추고 겨울 숲을 오래 바라보는 모습에 대해 '제가 보기에/ 로버트 프로스트 씨는/ 시간이/ 좀/ 많은 분 같네요'라고 말하는 잭은 얼마나 귀여운지!

시큰둥하게 시를 읽던 잭은 시 속에 등장한 사물 하나를 눈여겨본다. 자신의 마음 깊은 곳을 건드린 시어 하나를 의지해 자기 이야기를 시 속에 담기 시작한다. 자기 시가 교실 게시판에 걸리기까지 선생님에게 이런저런 잔소리 섞인 당부를 하는 모습은 너무도 사랑스럽다.

스트렛치베리 선생님은 잭에게 자신감을 심어주기 위해 파란색 종이에 깔끔하게 타이핑한 잭의 시를 노란색 게시판에 붙여 둔다. '정말 짱이에요' 하면서도 익명을 요구하던 잭이 자신의 이름을 밝히고 가슴 깊이 묻어 둔 사연을 스스로 이야기하기까지 기다린다. 스트렛치베리 선생님이 세심하게 고른 몇 편의 시를 읽는 동안 잭은 점점 시에 호감을 느낀다. 급기야 월터 딘 마이어스 시인을 좋아하게 되고 편지까지 쓴다. 시인을 초청하며 직접 만나기까지 스트렛치베리 선생님은 세심하고 사려 깊게 잭을 돕는다. 그러는 동안 잭의 말이 달라진다.

잭이 처음으로 '전 오늘 읽은/ 작은 시들이/ 좋았어요'라고 말하고 난 뒤 이어지는 고백들—'선생님이 보여주신 시들은/ 정말 굉장했어요', '어제 읽어 주신/ 월터 딘 마이어스 씨의 시는/ 최고였어요', 〈그 소년을 사랑한다〉/ 이 시가 정말 좋아요'라는 말은 내가 하고 싶은 고백이기도 하다.

우리가 서서히 변해가던 모습도 잭과 다르지 않았다. 모임 준비가 어렵다고 하소연하면서도 신나게 하고, 생소한 시집에 낯설어하면서도 호기심을 갖고, 시를 쓰라뇨, 난감해하면서도 결국은 써낸 우리니까.

잭이 처음 '시가 좋아요'라고 고백했을 때 스트렛치베리 선생님은 얼마나 벅차고 뿌듯했을까. 단지 시 한 편을 잘 써내서가 아니었을 것이다. 아이의 마음속에 시가 스며드는 순간이 마냥 기쁘고, 아이가 살아가며 누리게 될 시의 위안과 아름다움을 그려보며 먼저 감동했을 것이다. 잭이 시인을 초대하고 싶어 정성껏 편지를 쓰고 기다리는 모습도 뭉클했다. 아무도 헤아리지 못한 깊은 슬픔과 상실의 빈자리를 글로 채우고 시로 메꾸는 잭의 모습 속에서 용기를 얻었다. 꼭 필요한 때에 가장 적절한 모습으로 당도하는 시들. 앞서 읽었던 시가 새로 읽기 시작한 시집 속에서 새로운 이야기로 이어지는 반가움으로 읽는 내내 행복했던 이 시집은 내게도 아주 특별한 시 수업이었다. 함께 읽은 그림책 《나는 시를 써》를 낭독할 때였다. 시에 대해 하고 싶은 말이 아이들의 말 속에 그대로 담겨 있어 가슴이 두근거렸다. 가장 아름다운 시, 결국 사람을 향하고 있었다.

하지만 모든 시 중에서
가장 아름다운 시는
내 소중한 친구, 너야.
바로 내 곁에 있는
오직 너.
　__질 티보,《나는 시를 써》

나에게 시란 무엇인가. 난해하기 이를 데 없는 질문이지만 꼭 나눠보고 싶은 이야기였다.

우선 그림책을 필사하며 생각을 정리해 보기로 했다. 내 일상에 들어온 시를 어떻게 느끼고 있는지, 시에 대해 어떻게 정의 내리고 싶은지 듣고 싶었다. 12월 마지막 모임의 주제가 될 터였다. 비록 모니터를 마주하고 있었지만 서로에게 쓴 편지를 낭독했다. 촛불을 켜고 앉은 회원들 뒤로 어둠이 짙었다. 모임을 마치고 그들에게 편지를 쓰기 시작했다. '밤의 침묵 속에서 나는 시를 써, 내가 사랑하는 친구를 생각하면서'라는 그림책 속 구절을 생각하며 쓰기 시작한 편지를 다 쓰기까지 한 달이 걸렸다. 우체국에서 편지를 부치던 날 후회했다. 쑥스러워 차마 쓰지 못한 말이 많았기 때문이었다.

선영 님께
....

세 번의 월요일 아침이면 가장 먼저 과제를 올려주셨던 선영 님, 한 해 동안 부지런히 문지기 역할을 해 주셔서 감사해요.

시와 그림책 모임을 하며 참여하시는 분들에게 중간중간 심호흡할 수 있는 여유를 드리고 싶었어요. 시를 낭송하고 필사하는 시간이 마음의 여유를 되찾는 시간이 되기를 간절히 바랐지요. 월요일에 함께 나누는 과제들은 닥쳐서 할 수 있는 것이 거의 없었어요. 천천히 시간을 들여야 할 수 있는 것들이었죠. 혼자만의 시간을 만들기 위해 요리조리 스케줄을 조정해서라도 느긋한 시간을 보냈으면 하는 마음으로 과제를 준비했습니다. 그럼에도 우리는 너무 많은 일에 허덕이고, 훌쩍 흘러가 버리는 시간을 애달파했지요.

충실한 마음. 제가 참 좋아하는 말입니다. 프랑스 소설의 제목이기도 하지요. 누군가에게 충실하다는 건 얼마나 귀한 마음인가요. 하지만 소설에서 이야기하는 충실한 마음은 자신을 희생시키면서까지 전하고 싶었던 안타까운 사연을 담고 있어요. 지금도 싸르르한 아픔이 느껴지는 말입니다.

> 각각의 인물은 의식적으로든, 그렇지 않든, 스스로에게 충실함을 묻습니다. 가족, 집단, 자신이 속한 사회계층, 배우자, 어린 시절, 혹은 더 젊었을 때 했던 다짐 같은 것에 대해 충실한지를 묻는 거지요. 충실함은 우리를 만들고, 우리를 구성하며, 우리가 지키려 노력하는 가치가 됩니다. 그러나 때로는 충실함은 우리를 가두고, 우리를 가로막기도 합니다. ― 델핀 드 비강, 《충실한 마음》

우리는 모임에 충실하기 위해 애를 썼고, 서로를 아끼고 좋아하는 마음이 깊어지면서 서로에게도 충실히 하려고 노력했던 것 같아요. 정말 시를 열심히 읽었지요. 시를 읽다 마주한 중요한 질문을 받아 들고 끙끙대기도 했고요. 열심히 생각하고 진지하게 이야기를 나누고 글을 쓰면서 우리는 조금은 다른 '충실함'에 대해 고민해 볼 기회가 생긴 것 같아요.

'충실하다'에는 두 가지 의미가 있더라고요. '내용이 알차고 단단하다. 주로 아이들의 몸이 건강하고 튼튼하다'라는 의미와 '어떤 대상이나 사람에게 충직하고 성실하다'라는 의미예요. 일 년여 선영 님의 과제와 나눈 이야기들을 천천히 돌아보며 떠오른 단어는 이 '충실'이라는 말이었어요. 신기하게도 여러 층위의 말들이 다 해당하는 것 같아요. 선영 님은 모임에 성실했고, 과제가 알찼고, 무엇보다 자신에게 충실한 사람이었어요. 알찬 시간의 흔적이 빼곡한 기록으로 남아 그걸 증명하고 있지요. '다정함'을 키워드로 관계를 점검하며 튼실하게 관계망을 보수하는 듯 보였어요. 선영 님이 삶 속에서 관계를 맺고 있는 사람들에게 충직하고 성실하게 마음과 시간과 애정을 쏟으며 살아왔다는 것을 깨달은 한 해이기도 했을 거예요. 그러다 조금은 지치고 힘든 자신을 발견하며 이제는 자신에게 제일 충실할 시간이 필요하다는 걸 절실히 알게 되었다고 했지요. 늘 곁에 있어 놓치고 있었던 소중한 사람들의 존재감은 더 선명하게 드러나기도 했을 거고요. 《충실한 마음》에서 작가가 '엘렌'이라는 인물에 대해 이렇게 말하는 부분이 나와요.

> 제게 〈충실한 마음〉은 어둠 속에 내미는 손에 관한 이야기입니다. 오해하고, 길을 잘못 들고, 실수를 저질러 꼼짝달싹도 못 하게 되었지만, 마침내 진실을 맞이하는 한 여

자의 이야기입니다. 자기 자신에 대한 충실함으로, 자신에게 했던 다짐을 배반하지 않음으로, 엘렌은 직감을 끝까지 밀어붙입니다. 그리고 그것이 마침내 구원의 약속이 됩니다.

선영 님은 벌써 2023년 키워드를 정했다고 말해주었지요. '단단', 다정함에서 단단함으로 나아가는 선영 님의 충실한 행보를 응원합니다. 내년에 선영 님이 만나는 시들이 부드럽고 유연하기를, 그래서 선영 님이 일구어가는 단단한 세계에 꼭 필요한 아름다운 틈새가 되기를 기원할게요.

—2022. 12. 서서히 어둠이 내리는 일산의 작은 카페의 노란 조명 아래서 이화정 드림.

유정 님께.

유정 님의 오늘 아침 풍경은 어땠을까요? 식구들이 다 빠져 나간 뒤 집안 정리를 하고 잠시 숨 돌리며 커피를 마실 때면, 세상의 모든 주부를 한자리에 둥그렇게 불러 모아 천천히 서로를 안아주는 의식 같은 걸 하고 싶어집니다.

유정 님이 모임에 참석하지 못할 때마다 내내 마음이 쓰였습니다. 어린아이들을 키우면서 얼마나 많은 변수가 생기는지 알고 있고, 집안 대소사를 챙기다 보면 자기 시간을 내기가 얼마나 어려운지 겪어봤기 때문이지요. 또 밤 10시에 열리는 모임은 얼마나 무리가 되나요. 온종일 종종거리며 갖은 일을 처리하느라 녹초가 되어 이제 내 시간이다, 겨우 앉아도 피곤이 엄습해오는 시간이니까요.

2022년 읽은 책 중 유난히 마음이 가는 책이 있었습니다. 내 얘기 같은데, 그때 하지 못했던 말들을 어떻게 이렇게 속속들이 적어놓았을까 감탄했던 책이지요. 슬픔과 회한으로 엉켜 있던 감정들이 생경한 비유와 아름다운 문장으로 스르륵 풀어지는 것 같아 오래 음미하며 읽었던 책입니다.

독서가 무슨 쓸모가 있을까. 전혀 혹은 거의 쓸모가 없다. 사랑이 그렇고 놀이가 그런 것처럼. 그건 기도와도 같다. 책은 검은 잉크로 만들어진 묵주여서, 한 단어 한 단어가 손가락 사이에서 알알이 구른다. 그렇다면 기도란 무얼까. 기도는 침묵이다, 자신에게서 물러나 침묵 속으로 들어가는 것이다. 어쩌면 불가능한 일일지 모른다. 우리는 제대로 기도하는 법을 모르고 있는지도. 우리 입술은 언제나 너무 많은 소음을 담고, 우리 가슴속은 언제나 너무 많은 것들로 넘쳐난다. 성당에서는 아무도 기도하지 않는다. 촛불을 제외하고는. 초들은 피를 몽땅 쏟아낸다. 자신들의 심지를 남김없이 소모한다. 자신의 몫으로 아무것도 남겨두지 않는 그들이 자신을 고스란히 내어줄 때 이 헌신은 빛이 된다. 그렇다. 기도의 가장 아름다운 이미지, 독서의 가장 명료한 이미지가 그것이다. 싸늘한 성당 안에서 서서히 타들어가는 초. ─ 크리스티앙 보뱅,《작은 파티 드레스》

컴퓨터 화면을 통해 보이는 유정 님의 얼굴이 유난히 빛나는 순간을 여러 번 목격했습니다. 분주한 가운데 짬을 내어 펼쳐 읽었던 시를 소개하고 그때의 느낌과 감정을 담아 쓴 글을 읽어주며 미소 지을 때였어요. 그림책을 읽으며 깨달은 이야기를 들려주며 수줍게 웃을 때도 그랬지요. 그 글들이 기도문 같다고 생각했어요. 가족뿐 아니라 타인을 향한 마음 깊은 곳에 스며든 내면의 빛이 문득 내비치던 순간을 이 글을 읽으며 다시 떠올려 봅니다.

유정 님을 보면서 예전의 제 모습을 보는 것 같아 마음이 짠할 때도 있었지만 부럽기도 했어요. 유정 님은 그때의 저와는 달리 자신을 위해 많은 기회를 주며 스스로 돌보는 시간을 보내고 있었으니까요. 시모임에 와 주셔서 고마웠습니다. 저는 특히 이 모임이 유정 님에게는 이진희 작가의 《도토리시간》처럼, 조그맣고 아늑한 공간에 머물며 쉬는 시간이 되기를 간절히 바랐습니다.

그림책 첫 장면에는 식탁에 앉아 고개를 푹 숙이고 "아주 힘든 날이면 나는 작아져"라고 말하는 이가 등장합니다. 그이는 어느새 작고 또 작아져 현실 세계 너머로 건너가게 되지요. 엄청나게 커져버린 다람쥐를 만나 인사를 나눈 뒤, 도토리 뚜껑을 열고 안으로 들어갑니다. 그 안에서 하염없이 창밖을 바라보지요. 심심해지면 뒹굴뒹굴하기도 하고요. 저에게는 그 그림책을 보는 시간이 도토리시간인데요, 유정 님과도 그런 시간을 나누고 싶었어요.

우리에게 시가 '도토리시간' 같았으면 하는 마음으로 일 년을 지나왔습니다. 시와 그림책을 아끼고 좋아하는 마음, 무엇보다 성실히 참여하지 못해 미안하다고 내내 마음을 쓰면서도 당신들에게 속해 있고 싶다고 하신 말이 두고두고 제게 큰 힘이 되었습니다. 시의 마음이 그런 게 아닐까요. 누군가를 향하는 마음 같은 것, 오래 품고 있었기에 온기부터 전해지는 것. 그래서 그렇게 코끝이 찡해지는 거고요. 시의 세계 속에서 만났던 모든 순간, 따스한 기억으로 오래도록 소중히 간직하겠습니다.

―2022. 12. 겨울나무 끝에 매달린 봄 꽃눈을 바라보며 탄현동 한 카페에서 이화정 드림.

미선 님께.

작가라는 이름을 새로 얻은 뒤 저는 많은 분의 관심과 애정을 먹고 사는, 행복한 사람이 된 것 같아요. 대전의 한 책방에서 미선 님을 처음 봤을 때부터 지금까지 미선 님의 말과 글 덕분에 행복하고 힘이 난 적이 많았습니다.

미선 님이 공부를 새로 시작하고, 여러 프로젝트를 다양하게 도전하는 모습을 보면서 참 대단하다고 생각했어요. 하지만 자신을 잘 돌보고 있는지 먼저 물어봐 주지 못한 게 두고두고 미안했다는 고백을 해야겠습니다. 시와 그림책 5월의 미션은 "아무것도 아닌 것은 없다"라는 표어를 내걸고 매일 관찰하고 기록하는 과제를 내드렸죠. 미선 님은 놀랍게도 자신의 몸, 그것도 눈에 보이지 않지만 중요한 것, '위'를 주의 깊게 관찰하는 내용을 써주셨습니다.

'내 몸이기에 당연히 함께하는 것이라고 생각해서 신경 쓰지 않고 살았다. 한 번 크게 탈이 나거나 고장이 나야만 그 존재를 알 수 있다. 이번에 제대로 또 체했다. 덕분에 또 잊고 지냈던 위의 위치를 알게 되었다.'

이 년 전 읽은 다니엘 페나크의 《몸의 일기》 이야기를 해 주고 싶어요. 저는 이 책을 보며 자신의 상황을 직시하는 것, 그것이 치유와 회복의 첫걸음이라는 걸 깨달았던 것 같아요. 지금도 힘들 때면 생각나는 구절이고, 많은 걸 돌아보게 하는 글이에요.

43세 8개월 24일
1967년 7월 4일 화요일

요즘 들어 너무 절제를 하지 않았다……. 논문 두 편과 강연 원고를 쓰느라 일도 무리하게 했다. 그뿐 아니라 가족 모임, 친구들 모임, 사무실 모임, 고객과의 미팅, 정부 기관과의 협의까지, 매 순간의 긴장, 즉각적인 반응, 권위, 친절함, 생동감, 효율성, 감사(監査). 감사는 벌써 일주일도 넘게 계속되고 있는데 에너지를 과하게 써온 것 같다. 끊임없는 전투 속에서 정신이 휘두르는 칼을 몸이 싫다는 내색도 못한 채 따르는 꼴이었다고 할까…….
가장 힘든 건, 주위 사람들에게 이 피곤함을 감추기 위해 쏟아야 하는 정신적 노력이다. 식구들에게(피곤 때문에 가족도 낯설다) 똑같이 다정해야 하고, 다른 사람들에겐(피곤 때문에 이상하게 낯익다) 전문직으로 보여야 하는 것이다. 한마디로, 침착하다는 내 명성에 걸맞게 행동하고, 내 지위에 맞는 품위를 갖추도록 주의해야 한다. — 다니엘 페나크,《몸의 일기》

몸과 마음을 잘 돌보기 위해 운동을 하고, 감사할 일을 찾아내고, 일상의 작은 기쁨들을 기록하는 모습이 참 귀하게 느껴졌습니다. 언제 위에 탈이 나는지 관찰하는 동안 본인뿐 아니라 가족들의 감정을 살피고 돌보는 모습도 인상적이었어요. 치열하게 사는 것만큼 중요한 것은 쉴 줄도 알아야 한다는 것, 때로 도움을 청하고 기꺼이 도움을 받는 것도 필요하다는 것을 깨달았다는 고백이 우리에게도 성찰의 기회를 준 것 같아요.

《아무것도 안 하는 날》로 모임을 하고 난 뒤, 미선 님은 단톡방에 이런 말을 남겼습니다. '김선우 시인의 시들을 읽으며 나를 사랑하고 하루를 사랑하고 세상을 사랑하는 마음이 보였습니다. 순간을 사랑하며 오늘을 보내고 싶습니다.'

우리는 시를 읽으며 제대로 사랑을 배웠나 봅니다. 문득 울린 문자 수신음, 잠시 숨을 고르며 글자를 들여다볼 때마다 자신을, 함께하는 우리를, 우리를 둘러싼 세상을 사랑할 준비를 했던 것 같아요. 그렇게 시가 되어가는 우리는 참 멋진 것 같습니다. 오늘 미선 님의 '위'에게 안부를 전합니다.

―2022. 12. 문득 고개를 돌려 창밖을 보니 눈발이 날리는 겨울 오후. 이화정 드림.

애라 선생님께.

여름의 기억을 더듬다 바라본 바깥 풍경은 어느새 겨울이네요. 시와 그림책 모임도 이제 막바지에 이르고 있네요. 선생님이 모임에서 입을 여실 때마다 기대감에 차서 눈을 반짝이던 회원들 얼굴이 떠오릅니다. 삶의 연륜이 묻어나는 말은 나이가 들었다고 다 나오는 게 아니지요. 각 잡고 멋있게 말하려고 아무리 애를 써도 깊고 은근한 지혜가 스며들어 있지 않은 말들은 마음에 닿기도 전에 허공에 흩어져 버리잖아요.

선생님은 윤동주 시를 읽을 때 뮤지컬에서 만난 윤동주 이야기를 들려주셨고,《흰 눈》이라는 그림책에 나오는 할머니 이야기를 나눌 때는 그림보다 아름다운, 어머님의 머리 위에 핀 진짜 흰 눈을 찍어 우리에게 보여주셨지요. 책으로만 아는 지식, 깊이 뿌리내리지 못하는 저의 얕은 사유, 한껏 치장해 표현한 말들이 난무할 때, 선생님은 은근한 말투로 단순하고 명쾌하게, 일상에 닿아 있는 쉽고 간결한 말들로 저의 빈틈을 메워 주셨어요.

이처럼 고요한 순간에는 완전함의 감각이 느껴진다. 그 순간을 온전하고 완벽하게 만들기 위해 필요한 건 아무것도 없다. 나는 들판을 내려다보며 내 일을 시작한다. 나는 조용히 내면으로 들어간다. 그러면 침묵이 밖으로 쏟아져 나오며 완벽함에 난 어떤 금이나 흠을 채워주는 듯하다. 그저 존재한다는 이 느낌을 한번 경험하고 나면, 당신이 왜 존재하는지에 대해 더는 물을 필요가 없어진다.

── 마크 헤이머, 《두더지 잡기》

존재감에 대한 이 구절을 읽으며 선생님이 떠올랐습니다. 선생님이 저희에게 해 주신 모든 말씀 속에는 책에서는 쉽게 얻을 수 없는 깊은 통찰이 담겨 있었어요. 그건 선생님이 직접 경험한 것들에 관한 이야기였기 때문이지요. 매일 점심시간을 이용해 70층 높이의 회사 계단을 오르내리며 길어 올린 몸에 대한 사유는 정말 존경스러웠어요. 문득 계단을 오르며 이게 무슨 짓일까, 이렇게 힘든 걸 왜 해야 할까 생각하다가 그건 '나를 사랑하는 일'이라고 결론을 내셨다는 이야기가 특히 그랬지요. 매일 고통스럽게 자신과 싸우며 사무실을 나서는 시간, 한 계단 한 계단 가빠지는 호흡으로 오르는 그 일은 '나와 싸우며, 나를 쌓아가며, 나를 사랑하는 일'이라고 정의 내리신 선생님, 정말 멋지십니다.

선생님의 출근길 풍경을 자주 상상하곤 합니다. 오늘은 어떤 노래를 들으며 일터로 향하실까? 오늘은 어떤 노래 가사에 꽂혀 상념을 이어가실까? 궁금할 때가 많습니다. 시라는 것이 시집 속에만 존재하는 것이 아니라, 일상에서 우연히 귀담아듣게 된 노래 가사 속에도 들어 있다는 걸 선생님을 통해 배웠습니다. 때로 드라마 대사도 시처럼 다가오더라고요. 놀라운 발견이 아닐 수 없습니다. 줌 화면이 켜지고 선생님의 이름이 뜰 때면 저는 씨익 웃으며 이렇게 생각하곤 했습니다. '아, 애라 샘이다. 오늘도 나는 조금은 허술하고 맹한 소리를 해도 괜찮겠다. 애라 샘이 한 방에 만회해 주실 테니까.' 우리의 소중한 인생 선배가 되어주셔서 감사합니다.

─ 2022 12. 일산의 아늑하고 조용한 작은 라비브 북카페에서 이화정 드림.

은영 님께.

 눈이 펑펑 내리는 거리를 조심조심 걸어 요가원으로 향하는 길, 마음으로 편지를 쓰기 시작했습니다. 은영 님에게 시는 어떤 의미였을까요? 은영 님의 깊은 독서력과 방대한 독서량을 가늠해 보았습니다. 그 책들 틈바구니에 섞인 열두 권의 시집은 아름다운 틈새를 만들어 주었을까요? 부디 그랬기를 간절히 바랐습니다.

시모임을 하면서 바랐던 것 중 하나는 시가 일상에 스며들어 주변 풍경이 달라지는 것이었어요. 집안 어딘가에 시집이 펼쳐져 있는 풍경, 엄마가 시집을 보다가 문득 소리 내어 읽으면 아이들이 잠시 하던 걸 멈추고 가만히 귀를 기울이는 모습, 물 마시러 나왔다가 식탁 위에 놓인 시 필사 노트를 누군가 들여다보는 장면 같은 것이죠. 놀랍게도 우리가 시모임을 하는 동안 실현된 것들이 많더라고요. 은영 님은 학업에 고민이 많은 둘째에게 시를 읽어주고, 아이와 데이트를 한 이야기를 들려주셨지요. 공부와 진로, 좋아하는 것과 싫어하는 것, 돈을 버는 것 등 많은 이야기를 나누었다고 하셨어요. 특히 다이어리를 써보라고 권한 것과 하루쯤은

'아무것도 하지 않은 날'을 정해보라고 하셨다는 이야기가 인상 깊었어요.

가끔 시를 써보시라고 과제를 내어드리면서도 괜한 부담을 드리는 건 아닐까 걱정했습니다. 하지만 이미 우리가 나누는 대화 속에 시적인 표현들이 등장하고, 시인의 시선 버금가는 관찰력이 생겼잖아요? 우리의 글과 말 속에 시의 문장들을 자연스레 녹여내는 모습을 본 저로서는 우리가 언제든 시를 지어낸다기보다 시처럼 살아가는 것이 가능할 거라는 믿음이 생겨난 것 같습니다. 그걸 증명하듯 은영 님은 시가 글을 쓰는 힘을 주는 것 같다는 고백과 함께 이런 시구를 쓰셨지요.

<u>미친 듯 읽어내는 책과</u>
<u>물밀듯이 살아내고 있는 하루를 본다.</u>
<u>나의 즐거움을 위해</u>
<u>삶을 위해</u>
<u>위로를 위해</u>
<u>책을 읽고</u>
<u>산다</u> (중략)

그러다
소통하는 방식을 배우는지도 모르겠다.
오랜 방황과 외로움에 갇힌 내 심연이
수면 위로 드러날 때
비로소 보이는.

중한 것이 뭔데…….

시를 읽고 쓴다는 건
결국은 옆 사람이 있다는 것을
알게 해주는.

모든 걸 꿈꿀 수 없다.
내가 할 수 있는 일과 할 수 없는 일을 나누는 것
버릴 것과 취할 것을 아는 것

시를 쓴다는 것은
그런 건지도 모르겠다.

이 시가 은영 님이 주는 가만한 위로가 되어 제 옆에 내려앉는 것 같습니다. 저도 시가 쓰고 싶어지고요. 은영 님의 일상을 안온하게 감싸줄 시를 더 부지런히 찾고 싶어집니다. 따스한 온기를 지닌 시, 명징한 단어의 조합으로 서늘한 깨달음을 주는 시, 연대의 장으로 초대하는 시, 슬픔과 허무의 빈틈을 채워줄 시, 부지런히 찾아 또 전해드리겠습니다.

―2022. 12. 다니엘 로자코비치가 연주하는 베토벤 바이올린 협주곡을 들으며 이화정 드림.

정민 님께.

시모임을 함께 하면서 우리는 따로 또 함께 걸었던 순간이 많았다는 걸 새삼 깨닫습니다. 정민 님의 산책길은 참으로 다채로웠지요. 금오산 자락의 아름드리나무들 사이를 걷는 모습, 비 오는 날, 막내와 도란도란 이야기를 나누며 걷는 풍경, 카페 주차장 담벼락에 핀 작약을 오래 관찰하는 모습, 고즈넉한 오솔길 앞에서 고개를 들어 나무를 바라보는 뒷모습. 공유해 주신 사진들을 들여다보며 함께 산책하는 기분이 들곤 했습니다. 덕분에 저도 잠시 짬을 내어 쉴 수 있었고요. 한 장의 사진으로 정지해 있는 시간 너머 정민 님이 산책길에서 길어 올린 깊은 사유의 시선을 가만히 되짚어 봅니다.

정민 님은 참 조용하고 겸손한 성품에 자기 자신을 엄격하게 돌아보는 분이시죠. 자신보다는 가족과 주변 사람들을 더 배려하며 최선의 것을 주려고 노력하는 모습에 저는 반성할 때가 많았어요. 직장을 다니며 세 아들을 돌보고 살림을 꾸려가는 일상이 어떨지 사실 저로서는 상상이 잘 안 돼요. 존경스럽다는 말밖에 안 나오고요. 아직 어린 막내가 뛰어놀다가 다치기도 했고, 육아휴직을 마치고 직장에 복귀하면서 적응하느라 힘들기도 했을 올 한해, 정말 수고 많으셨습니다. 뒤늦게라도 어떻게든 과제를 내고, 늦은 밤 모니터 앞에서 온 마음을 기울여 우리 이야기를 경청해 주셨던 정민 님 고맙습니다.

우아하고 품위 있고 여유 있는 삶. 늘 바라는 바지만 녹록한 현실 속에서 서글퍼질 때 시집을 펼치곤 했습니다. 시를 읽는 행위 자체가 저에겐 위안이 되었거든요. 막상 시의 세계는 고요하고 아름답지만은 않았어요. 점점 살기 힘들어지고, 크고 작은 재앙이 끊이지 않는 세상이라 그런지 요즘 시는 현실보다 더 암울하기도 합니다. 그럼에도 시는 제 일상을 서서히 바꾸어 놓았고, 시를 읽으면 힘이 났어요. 좋아하는 시가 많아질수록 더 잘 살고 싶어졌습니다.

신형철 평론가의 글에 이런 구절이 있어요. 몇 년 전 읽었을 때도 좋았지만 시모임을 하면서 더 마음 깊이 와 닿았던 글이에요.

> 시인은 어떻게 발생하는가? 이럴 때 인용하기 좋은 것은

역시 "그래 그 무렵이었다······ 시가 날 찾아왔다"로 시작되는 파블로 네루다의 작품 〈시〉이겠고, 나는 이 시를 좋아하지만, 이 시를 둘러싸고 있는 어떤 다정한 신비주의까지 그대로 받아들일 필요는 없을 것이다. 나는 시인에 대한 여하한 신비주의도 품고 있지 않다. 아니, 품지 않으려고 노력한다. 내가 아는 훌륭한 시인들은 타고난 사람들이라기보다는 그저 노력하는 사람들이기 때문이다. 필사적인 노력에 신비로운 것이라고는 없다. 노력이란, 시도하고 실패하고 다시 시도하고 다시 실패하는, 처절한 세속의 일이다. 조금도 신비롭지 않은 그 노동이 멈추면 시인도 함께 소멸된다. — **신형철, 《슬픔을 공부하는 슬픔》**

편지를 쓰면서 다시 찾아본 이 글보다 더 제 마음을 울린 건 김선우 시인이 쓴 〈할머니의 시〉 시를 읽고 쓴 정민 님의 글이었습니다.

우리가 계속 나이가 들어가면서도 무언가를 새로 배우려는 건 무엇 때문일까요? 삶에 대한 사랑의 또 다른 방식이 아닐까 생각해 봅니다. 지금 저는 이전엔 해보지 않았던 새로운 것을 해보고 싶다는 생각이 강합니다. 열심히

> 듣지 않았던 클래식 음악을 듣다가 우연히 플룻의 선율에 빠져서 배우기 시작했어요. 피아노의 ㅍ도 음악의 ㅇ도 모르던 제게 계이름을 하나씩 배워가는 일은 아기가 한 걸음씩 걸음마를 떼어 가듯 천천히 이루어지고 있습니다. 물론 마음만 앞서고, 아직 갈 길은 멀고, 언제 또 포기할지도 모르겠지만요. 요새는 제가 연주하는 소리에 귀 기울이는 일만큼 즐거운 일도 없는 듯합니다. 앞으로 살아가면서 많이 배우고 그 과정에서 조금씩 더 제 삶을 사랑하고 성장하고 싶어요. 그 힘으로 제 주변 사람들에게도 사랑을 전할 수 있기를 바랍니다.

현재의 순간을 더 사랑하며 아끼며 살아가겠다는 마음, 끊임없이 배우며 성장하겠다는 의지가 담긴 이 글이 우리 시 모임을 더 빛내주었습니다. 앞으로도 수없이 흔들리고 비틀거리며 살겠지만 시에 기대어 다시 힘을 얻고 꿋꿋하게 걸어가기로 해요. 정민 님의 발걸음, 응원합니다.

―2022.12. 흰 꽃처럼 눈이 날리는 숲의 풍경을 바라보며 이화정 드림.

자현 님께.

"내가 책으로 보여주고 싶었던 가장 중요한 한 가지는 좋은 것을 만들기 위해 열심히 일하는 삶, 그 아름다움과 진정성입니다." — M. B. 고프스타인

편지를 쓰기 전에 좋은 문장을 나누고 싶어 필사 노트를 뒤적이다 발견한 이 글귀는 마치 편집자 자현을 위한 문장 같다는 생각이 들었어요. 2022년 1월 15일, 노트에 옮겨 적은 이 문장 뒤에 저는 이렇게 적어놓았더군요. '진정성이란 말을 쓰는 사람들에게서 진정성이 느껴지지 않을 때, 그것만큼 아름답지 못한 일이 없다고 생각한 적이 있다. 그 이후, '진정성'이라는 말을 잘 쓰지 않게 되었다. 오랜만에 진정성 있는 사람의 말을 들어 기쁘다.'

단순한 선으로 그린 그림 속에 묻어나는 정겨움, 등장하는 존재들이 뿜어내는 따스한 온기가 인상적인 《브루키와 작은 양》, 《할머니의 저녁 식사》를 보며 작가 고프스타인이 참 궁금했습니다. 짧은 이야기를 담은 작은 책이 주는 울림이 너무나 깊었거든요. 작가의 말과 소개 글을 꼼꼼히 읽다

가 발견한 문구가 많은 걸 말해줍니다. 2017년 그가 사망했을 때 그의 가족들은 그의 죽음을 슬퍼하는 이들에게 이렇게 그의 말을 전했다고 해요.

"애도의 꽃 대신, 가까운 사람들에게 아름다운 것을 만들어 주거나 직접 고른 책을 사서 읽어주세요."

작가가 어떤 삶을 살았는지 그려지지 않나요? 아마도 아름다운 이야기와 그림을 담아 책을 만드는 일에서 충만한 기쁨과 즐거움을 누린 게 틀림없습니다. 그걸 사람들에게 고스란히 남겨두고 떠나고 싶었나 봅니다. 사람들이 슬픔과 안타까움, 아쉬움으로 시간을 보내지 않고, 무언가를 집중해서 만드는 동안 상대방을 향해 샘솟는 애정을 다시금 느껴보기를 바라지 않았을까요? 직접 고른 책, 아마도 자신의 책이기를 소망했을 그 책을 함께 읽을 때, 자신이 책 속에 열심히 새겨넣은 아름다움과 진정성이 그들 속으로 스며들기를 바라는 마음이 저 문장 속에 오롯이 담겨 있는 것 같습니다.

사람들 사이에 놓일 책 한 권, 한 권을 아름답게 만들기 위해 오랜 시간 분투하며 책을 매만지는 이가 나에게도 있습니다. 그의 수많은 밤을 떠올려봅니다. 저의 네 번째 책의 근간이 되는 '시와 그림책 모임'에 직접 참여하고도 있지요. 뜨겁게 감응하며 온몸으로 시를 흡수하는 모습을 보는 기쁨이 컸습니다.

내 책을 만드는 편집자, 내 이야기를 최고로 여겨주는 최초의 독자. 하지만 그는 온전히 내 차지가 될 수 없는 파트너입니다. 자현과 파트너가 된 모든 작가가 온갖 찬탄과 감사를 담아 그에게 애정을 고백하는 걸 자주 봅니다. 저는 그들의 마음을 너무나 잘 알지요. 함께 작업하는 동안 자신의 모든 에너지를 들여 몰입하는 모습, 먹는 시간마저 아까워할 정도로 집중하는 태도. 무엇보다 '이 세상에서 내가 가장 중요하고 가치 있는 존재 같아, 나는 사랑받고 있구나.' 하는 생각이 들게 하는, 작가를 고양시키는 그의 눈빛.

자현은 책을 만들 때마다 격정적인 사랑에 휩싸이는 것 같습니다. 그를 보고 있노라면 김용만 시인의 시 〈폭설〉과 닮았다는 생각이 듭니다. 최고의 책을 만들고 싶다는 그의 열렬한 고백을 볼 때마다 부러움에 명치 끝이 아파옵니다. 자현에게 다가오는 모든 작가, 그들만의 고유한 이야기에 반해 터져 나오는 자현의 절절한 애정 고백을 저는 전율하며 읽습니다. 애써 담담하게 차례를 기다리자고 마음먹습니다. '나의 자현'이 돌아올 계절, M. B. 고프스타인만큼이나 진정성 넘치고 책 만드는 일을 더없이 사랑하는 사람과 작업할 시간을 고대하면서 말이지요. 그리고 새 꿈을 꿉니다. 자현에게 폭설처럼, 시처럼 다가가는 글을 쓰겠다고.

이름만 떠올려도 뭉클해지는 책 파트너에게 편지를 전해주시겠어요?

—2022. 12. 창의 사계, 지금은 갈색 시간으로 저벅저벅 들어가며 이화정 드림.

나에게 다가온 시의 이름

12월

《은영경귀》
라이너 쿤체

《당신의 마음에 이름을 붙인다면》
마리야 이바시키나

12월 계획안

우리에게는 많은 이름이 있습니다.
이미 주어진 이름이 아닌 스스로 붙이는
이름도 많아졌으면 좋겠습니다.
그림책에 나오는 것처럼 내 마음에도
이름을 붙여주세요.
내 시간에도 이름을 지어주면 어떨까요?
내가 소중히 여기는 시에는 어떤 이름이
어울릴까요?

○ **모임 준비**

하나. 《은엉겅퀴》 시집 낭독 파일 공유하기
시 두 편을 녹음한 후 공유합니다. 한 편은 제가 지정해 드리는 시, 한 편은 본인이 고른 시를 낭독합니다.

둘. 《당신의 마음에 이름을 붙인다면》 단어와 풀이한 글 필사

"세상 모든 언어에는 복잡한 감정을 정확히 표현하는 단어들이 있어요……. 그래요, 어떤 낱말이나 느낌은 익숙하게 다가올 거예요. 하지만 어떤 단어나 그 단어가 전하는 감정은 당신을 깜짝 놀라게 할 거예요. 앞으로 만나게 될 어떤 특별한 순간들을 잘 이해할 수 있게 도와줄지도 모르죠. 이를테면 나뭇잎 사이로 햇살이 비치는 순간 같은 것을 말이에요. 그 단어와 감

정들은 이제 당신 것이 될 거예요. 당신이 그걸 뭐라고 부르든 상관없어요. 중요한 건 당신이 그걸 말하고 느낀다는 거예요."
── 마리야 이바시키나

그림책에 나오는 단어와 풀이한 글을 필사합니다. 어떤 단어에서는 우리가 함께 읽었던 그림책이 떠오르기도 하고, 마음에 새겨두었던 시의 말들이 생각나기도 하실 겁니다. 그리운 얼굴이 스쳐 지나가거나 아스라한 추억 속으로 빠져들기도 하실 거예요. 소중한 그 순간을 놓치지 않고 기록해 주세요. 아름다운 말들을 천천히 적어 가다 보면 우리를 기다리는 어떤 이름이 기다리고 있을지도요. 필사 사진과 단상 적은 글을 공유해 주세요.

○ 모임

1. 마지막 시집과 그림책, 어떠셨나요?
2. "그 시를 읽어 내려가는 동안 난 아주 이상하고, 아주 강력한 위로를 받았어. 시 때문에 기분이 나아졌다는 얘기가 아니야. 그게 아니라, 그 시가 내 느낌을 그대로 말해주고 있기 때문이지."
   ── 패트리샤 매클라클랜 글, 크빈트부흐홀츠 그림, 《가위 바위 보》

여러분도 이런 순간이 있으셨나요? 지난 한 해 시모임에서 가장 기억에 남는 순간을 나누고 싶습니다.

3. 2022년 '한 달에 한 권 시와 그림책' 모임 후기를 써 주세요. '나에게 시란 ○○○였다. 이제 나에게 시란 ○○○이다.' 이런 내용이 들어가면 좋을 것 같습니다. 어떤 내용과 형식도 좋습니다. 여러분이 만났던 시에게 뜻깊은 이름을 붙여주는 의미에서 시간을 두고 천천히 써 주시기 바랍니다.

○ 모임 이어가기

당신이 나의 시다.
아쉬운 헤어짐을 달래줄 시 한 편씩 선물하기로 해요. 한 사람 한 사람 생각하며 시를 골라주세요. 서로를 위해 바치는 시들. 축제 같을 겁니다.

나
에
게
시
는

우리 모임에
이름을 붙여준다면

내겐 '파사우 가자!'라는 이름을 붙인 적금 통장이 있다. 〈뒤처진 새〉라는 시에 감명받아 라이너 쿤체 시집을 읽고, 번역자인 전영애 선생님께 반해 《시인의 집》을 읽었다. 각별한 교분을 나누던 두 분의 이야기를 읽다가 독일 파사우 시인의 집 옆에 전영애 선생님이 세운 시정(詩亭)이 있다는 걸 알게 되었다. 꼭 가보고 싶다. 지금도 열심히 경비를 모으고 있다. 시가 대체 뭐길래 이렇게 흠모하는 마음이 생겼을까.

《나와 마주하는 시간》이 나온 지 3년 만에《은영경퀴》가 출간됐다. 라이너 쿤체 시인에게 시란 무엇일까. 시인들은 저마다 시에 대한 정의를 내리고, 시집 어딘가에 헌사를 담는다. 〈시학〉이라는 시를 읽다가 힘주어 밑줄을 그었다. '시는 시인의 맹인 지팡이'라는 구절이었다. 더없이 위대해 보이는 문인들은 하나같이 자신은 여전히 많은 것을 모른다고 고백한다. 시 속에도 비슷한 고백이 나온다. 세상 곳곳에 진리가 숨어 있고, 명백한 답이 존재해도 '우리는 물을 줄' 몰라서 인식하지 못한다는 걸 시에서 보여준다. 그래서 시인은 시를 통해 사물을 인식하고 세상을 통찰한다. 일 년 동안 작정하고 시를 읽었어도 시에 대해서는 모르는 것투성이인 우리가 감히 시에 대해 정의를 내릴 수는 없다. 하지만 어떻게든 이름을 붙여주거나 좋아하는 마음을 문장으로 남겨두고 싶었다. 그래서 마지막 모임 준비 과제로 삼았다.

  12월 셋째 주 마지막 모임을 준비하며《당신의 마음에 이름을 붙인다면》그림책을 펼쳐 읽다가 묘한 기분에 사로잡혔다. 몇 번을 읽어도 늘 새롭게 다가오는 그림책이긴 했지만 그날은 더 그랬다. 지난 일 년 모임을 하며 느낀 감정을 고스란히 적어놓은 것 같은 단어들이 페이지마다 실려 있었다.

  많은 모임이 있지만 책 모임에서만 경험할 수 있는 특별한 느낌이 있다. 나를 존중하는 사람들과 함께 아주 안전한 울타리 안에 머무는 것 같은 기분. 영국에서는 '크랙'이라는 말을 쓴다고 한다. 가장 편안한 사람들 속에 있거나 그런 공동체에 속해 있다는 기분이란다. 독일말 '게보르겐하이트'도 비슷한 의미를 담고 있다. '완벽하게 안전한 기분'으로 '따뜻한 보살핌을 받으며, 믿음과 사랑을 나누는 느낌'을 표현한다고 한다. 우리는 열두 달 동안 이탈리아어 '콤무오베레'(누군가의 이야기가 내 마음 깊은 곳을 건드리는 것)를 경험했다. 그 자리에 오롯이 남은 건 중국어 '위안펀'의 정의와 비슷하다. 우리를 하나로 연결해준 힘, '정신적인 친밀감과 연대감'이다.

시가 우리에게 준 놀라운 능력

그림책 저자 마리야 이바시키나는 어떤 단어는 앞으로 만나게 될 어떤 특별한 순간을 잘 이해할 수 있게 도와줄지도 모른다고 썼다. 정말 그랬다. 포르투갈어 '데센하스칸쿠'는 '희망이라고는 전혀 보이지 않는 때에도 어려움에서 벗어나는 능력'을 말하는데 시도 그런 능력이 있다고 믿게 되었다.

핀란드어 '시수'는 '어려운 상황 속에서도 결단력과 회복력'을 보여주는 '어떤 도전에도 대처할 수 있는 내적 능력'을 의미했다. 이것은 내가 시인들이 보여준 삶의 태도 속에서 감지한 능력이다. 우리는 그런 시의 수혜 속에 용기를 얻었고, 힘을 내며 살았다.

기간을 길게 잡고 진행하는 모임의 후유증은 만만치 않다. 뿌듯하기도 하지만 허탈감도 크다. 매달 보던 얼굴을 못 본다는 아쉬움을 적절하게 표현한 단어가 반가웠다. '러지성베이'(커다란 기쁨을 맛본 뒤에 찾아오는 텅 빈 기분)라는 중국어도, 다시 돌아갈 수 없는 곳에 대한 그리움을 뜻하는 영국어 '히라이스'도 다 내 마음의 이름 같았다. 그러다 슬그머니 미소가 떠올랐던 단어는 '스물트론스텔레'였다. 스웨덴 말로 딸기밭이라고 하는데, 자신이 좋아하는 장소를 가리킨다고 한다. 뒤이은 설명에 의하면 '세상으로부터 숨고 싶거나 혼자 있고 싶을 때 찾는 곳, 누구에게나 있는 자신만의 특별한 장소'라고. 오오! 우리들의 스물트론스텔레! 각자 아끼는 공간에서 시를 읽는 장면을 떠올리며 웃었다.

12월 마지막 원고를 쓰려고 끙끙대다 스르륵 이런 글(이라 쓰고 시라고 우기고 싶은)을 썼다. 너무나 아름다웠던 우리의 시적인 순간들을 기념하고 싶었다.

시는 모든 것으로 온다. 빛으로 오고 폭설로 온다.

시는 누구에게나 간다. 아이와 강아지에게, 울고 있는 모든 이에게.

시는 언제든 온다. 푸르른 새벽녘부터 잠 못 이루는 깊은 밤까지.

시는 어디로든 간다. 은빛 부서지는 강물 위로, 쓸쓸한 공원 벤치 위에, 깊고 어두운 마음속에도.

시는 지금 여기, 우리 모두를 향하고 있다.

12월이 지나고 2023년 새해를 맞으며 다시 시모임을 시작했다. 조온윤 시집 《햇볕 쬐기》에서 2022년 시들이 남긴 따스한 여운 같기도 하고, 2023년 새해 첫 시의 설렘을 닮기도 한 단어 하나를 발견했다. '볕뉘'였다. 나의 시에 이름을 붙인다면 가져다 쓰고 싶은 말이었다. 세 가지 의미가 시를 쏙 닮았다. '작은 틈을 통하여 잠시 비치는 햇볕' 같은 시, '그늘진 곳에 미치는 조그마한 햇볕' 같은 시의 기운, 그리고 '다른 사람으로부터 받는 보살핌이나 보호'를 느끼게 해 준 시인들.

이 소중한 단어를 꼭 끌어안고 싶었다. 금색 펜을 찾아 2023년 새 다이어리를 펼쳤다. '볕뉘'라고 정성껏 적었다. 그러다 문득 깨달았다. 나의 볕뉘. 함께 시를 읽은 모든 이들이 내게 그런 존재였다. 그들의 시 이야기를 옮겨 본다.

신선영   "나에게 시는 창문이다"

　누군가는 커피를 마시기 위해 카페를 찾고 누군가는 친구를 만나 이야기를 하기 위해 찾는다. 또 다른 누군가는 혼자의 시간을 누리기 위해 찾기도 한다. 하지만 나는 '창문을 하기 위해' 카페를 찾는다.
　'창문하다(포르투갈어 janealar : 창문을 매개로 바깥세상을 보며 사색하는 것)'라는 동사를 2020년 이화정 작가님의 시모임에서 만났다. 이 동사를 만난 후에 내가 좋아하는 카페라고 소개하는 곳은 충분히 창문을 할 수 있는 장소였고, 창문을 하면서 자연스레 나에게 '창문'이라는 사유의 단어가 생겼다. 창문은 건축물의 구조이지만 어느 날은 온실처럼 나를 보호해 주기도 하고 어떤 순간은 크고 작게 깨지며 그 파편으로 나를 위협하기도 한다. 그리고 창문을 여는 순간 안쪽과 바깥쪽을 이어주는 역할을 하기도 한다.
　2023년 1월 말. 강원도에서 할머니의 장례를 치르고 돌아온 나는 한 시간 남짓한 거리에 있는 카페의 창문을 찾아갔다. 큰 바위산과 흐르는 강물을 창문을 통해 한참을 바라보며 할머니와 함께한 시간을 떠올렸다. 오늘 나에게 창문은 따뜻한 온기로 나를 감싸는 온실 같은 창문이었다. 떠나는 순간까지 나에게 사랑하는 마음을 전하기 위해 애썼던 할머니의 마음이 느껴졌다.

'애쓰는 마음'이라는 단어를 좋아한다. '애 : 쓰다' 마음과 힘을 다하여 무엇을 이루려고 힘쓰다.

나는 나를 제외한 모든 사람과 나와 조금이라도 연결된 모든 일에 애를 쓰며 살았다. 지난 12월 가족과 함께 떠난 부산여행에서 나는 이 단어를 마주하기 위해 모두가 잠든 매일 밤, 거실 테이블에 앉아 노트북을 켰다. 눈앞에는 커서가 깜빡이고 있었고 창문 밖에는 광안대교가 불을 반짝이고 있었다. 2022년 한 해 동안 나는 '시'와 함께, 시를 읽는 사람들과 함께 열심히 깜빡이고 열심히 반짝였다. 시와 함께하는 많은 시간을 통해 나는 내가 놓치고 있었던 애씀의 의미를 찾아 정리할 수 있었다.

1) 그 무엇보다 나 자신과 좋은 관계를 유지하기 위해 애써야 한다는 것.
2) 타인과 좋은 관계를 유지하기 위해서는 서로가 애써야 하지만 관계를 정리하기 위해서는 한 사람만이라도 애씀을 중단하면 된다는 것.

'애쓰는 마음' 만큼 '충실한 마음'이라는 단어도 사랑한다. '내용이 알차고 단단하다. 충직하고 성실하다.'라는 뜻의 '충실하다.' 작가님이 내게 보낸 편지에는 나의 한 해가 '충실한 마음'으로 가득했다고 쓰여 있었다. 예상치 못한 큰 상을 받은 기분이었다.

시 모임의 마지막 질문("나에게 시란?")에 대한 대답을 정리했다.

─2019년 어렵고 가까이하기엔 너무 먼 분야
─2020년 즐겁게 펼쳐 보며 혼자 즐길 수 있는 책
─2021년 때때로 그리움으로 가슴이 무너지고 아플 때 나를 다독일 수 있는 친구 같은 존재
─2022년 나를 지금, 이곳에 머무르게 하는 힘.

함께 읽은 시집들의 제목을 되새겨보았다. 《어린 나무의 눈을 털어주다》, 《새는 날기 위해 울음마저 버린다》, 《하늘과 바람과 별과 시》, 《아주 특별한 시 수업》, 《은엉겅퀴》 등.

'충실하다'라는 것은 완성도가 아니라, 순간이고 과정이라는 것이 이제야 보였다. '충실하다'라는 단어의 의미를 설핏 알게 된 것 같았다. 부산 여행길까지 챙겨온 작가님의 편지를 가방에서 꺼내 다시 읽었다. 작가님의 표현에 수줍게 동의하며 고개를 살짝 끄덕여 보기도 했다.

'충실하다'라는 단어는 "~에(게) 충실하다"처럼 타인이 아닌

"나에게 충실하다"와 같이 나를 향할 때 비로소 완성되어 아름다워지는 것 같다.

'오해하고, 길을 잘못 들고, 실수를 저지르는' 사람인 내가 부족함을 받아들이기, 과한 것을 인정하고 내려놓기, 감정과 감동을 표현하기를 조금씩 해낼 수 있었던 것은 내가 잘나서가 아니라 이 모든 것이 시에 있었기 때문이었다. 나라는 존재 자체를 그대로 인정해주고 감동을 표현하며 시를 함께 읽는 사람들이 있었기 때문이었다.

시는 내게 창문이었다. 그저 바라보기만 해도 되는 것, 나를 보호해 주기도 하지만 내가 외면했던 것들을 직면하게 하는 것 그리고 나와 나를, 나와 타인을, 나와 세상을 분리하기도 하고 이어주는 것. 시는 그렇게 내게 있었다.

이유정   "그럼에도 살아가는 우리들,
              별처럼 아름다웠다"

　이 글을 쓰기 위해 1년 치의 단톡방 내용을 다 읽어보았습니다. 거기엔 낯선 제가 있었습니다. 치열한 일상과는 다른 세계가 펼쳐지는 듯하지만, 삶과 문학이 따로 떨어진 것이 아니라 문학이 삶에 맞닿아야 한다는 작가님의 말씀이 큰 위로와 힘이 되었습니다. 구하던 답을 찾았던 거죠.
　적당함을 추구하며 살았습니다. 과하지도 부족하지도 않은, 앞서가지도 뒤처지지도 않은, 사랑보단 의무에 의해 움직였습니다. 해야 할 일과 하고 싶은 일들 사이에서 이도 저도 못 했는데, 도망가지 않고 기꺼이 해야 할 일을 해낼 힘을 얻었습니다. 내가 나를 믿는 것이 세상을 믿는 방법임을 알았습니다. 노력하지 않고 꿈꾼 것이 부끄러웠습니다. 부끄럽고 말로 표현되지 않았던 감정들을 가지런히 정돈해 주셔서 감사했어요.
　"엄마 그거 있잖아, 어어어" 해도 "아, 그거" 하면서 말하려던 것을 알아봐 주시고 언어로 표현해주시는 엄마 같은 품을 느꼈어요. 내 안에 가득한 생각과 감정이 적절한 언어의 옷을 찾지 못해 벌거벗은 채 허우적거리고 있는 것을 발견합니다. 언어가

빈곤하여 사유 또한 가난합니다. 새로운 언어, 자신만의 언어를 입기 위해서는 애정 어리게 바라보고 포기하지 않는 조용한 열정이 필요할 터인데, 그저 스치기만 하며 살아온 삶이구나 돌아봅니다. 무엇을 쓰고 싶은지 어떻게 써야 하는지 몰라서 내 안에 그저 어수선함만이 가득합니다. 애정하는 마음으로 삶의 모든 순간을 잘 품고 언어를 길어 올려서 잘 정돈된 내 마음의 공간을 만들어가고 싶습니다. 언어가 가난하다는 저의 고백에 정말 어떤 말보다도 정확하고 세심한 위로가 되는 응원을 보내주셨지요.

저는 나희덕 시인의 〈삼킬 수 없는 말〉이라는 시를 처음 읽은 날 마음속으로 펑펑 울었던 기억이 생생해요. 눈물조차도 억누르며 살았다는 것도 알게 되었죠. 말을 하고 싶은데 눈물부터 나니까 우는 것조차도 참다 보니 그랬던 것 같아요. 그 눈물에게 이름을 붙여주고 싶었어요. 마음 하나하나에 구체적인 이름표를 달아주고 싶었고요. 그런 마음으로 일단 쓰세요. 어떤 마음에 대해서요. 적절한 옷이 없다면 지어서라도 입어야지요. 시간이 오래 걸리더라도 바늘에 실을 꿰어 작은 천 조각 두 개부터 이어보겠다는 심정으로 한 문장을 써보는 겁니다.

'나에게는 언어의 옷이 필요하다.' 이게 첫 문장이 되는 겁니다. 유정 님 꼭 시작해보세요. 응원 드립니다.

'시와 그림책 모임' 그 공간을 통해 본 세상은 한 편의 시이고 영화와 같았습니다. '그럼에도 불구하고' 살아내시는 모습들이, 어둠이 있어 빛나는 별처럼 아름답다 느꼈습니다. 괜찮다고 함께 가자고 이끌어 주시는 듯한 따스한 손길이 있어 속할 수 있었습니다. 계절이 바뀌면 계절에 맞는 옷을 갈아입기에만 급급했는데 2022년 1년 동안 모든 계절을 마음과 몸으로 온전히 누린 거 같습니다. 삶이 충만히 채워지는 경험을 했습니다. 지금 저의 삶은 비록 시적이지 않지만, 조금씩 물들어가며 더 나은 존재가 되어감을 느끼며 감사했던 시간입니다. 살아내고 감응하고 읽고 쓰는 삶으로의 초대 감사합니다. 살아내기 위해 애써보겠습니다. 감사합니다.

전미선 　"있는 그대로, 존재 자체로 나와 타인을
　　　　　　　마주하는 용기의 발견"

　나의 마음이 좋은 것으로만 채워져 있지 않다는 것을 마흔 해 넘게 살고서야 알게 되었다. 행복, 기쁨, 설렘, 성취감뿐만 아니라 좌절, 자책, 절망도 나의 감정 중 하나였다. 좋지 않은 감정들은 무시하며 아무렇지 않은 척 애쓰며 살아왔다. 내게서 나온 부정적인 감정들을 남들에게 숨기기 위해서는 나조차도 그 감정을 못 본 척해야 했다. 나의 못난 모습을 들키면 다른 이들에게 사랑받지 못할까 봐 두려웠다.
　하지만 나의 감정을 무시할수록 삶은 점점 무거워졌다. 작가님이 보내주신 편지 속 다니엘 페나크의 《몸의 일기》에서 나온 것처럼 말이다. 나의 마음속 소리를 외면한 채 몸을 억지로 끌고 나아갈수록 삶은 나를 짓눌렀고, 무거운 삶은 나 자신의 무능함을 자책하게 했다. 그리고 그렇게 나를 들볶을 땐 꼭 크게 체해 며칠 동안 앓아눕곤 했다.
　일 년 전의 나에게 시란 내가 가보지 못한 낯선 나라를 다녀온 누군가의 여행담과 같았다. 아름답고 흥미롭지만 나에겐 손에 잡히지 않는 먼 나라 풍경일 뿐이었다. 12년간의 교과과정을 통해 내가 알고 있던 시들은 용기를 북돋워 주고, 고통 속에서도 희망을 찾고, 자연의 아름다움을 노래하였다. 하지만 지난 일 년간 읽어왔던 12명의 시인은 세상의 불합리함에 분노하기도 하고, 자신의 어리석음을 반성하기도 하는 등, 어두운 감정 또한 그것대로 의미가 있다고 고백하고 있었다. 안타까움, 절망, 삶의 고뇌, 부족함에 대한 자책이 생길 때 시인들은 그 순간에 멈춰 자신의 감정에 푹 빠졌다. 어떤 종류의 느낌인지, 어디에서 기인한 것인지, 그리고 이것을 어떻게 다룰 것인지 감정의 밑바닥부터 수면 위까지 깊고 넓게 샅샅이 훑은 후 적확한 시어로 그 경험을 종이에 그려냈다. 그게 바로 시였다.

시는 시인이 일상에 점점이 흩어져 있는 찰나의 감정을 붙잡아 찍은 점이었다. 그 점엔 옳고 그름이 없었다. 그 점들을 이어 만들어진 궤적은 삶이었다. 그렇게 시들은 내게 삶의 그늘 또한 나의 일부로 소중한 것이며, 직시하는 과정이 결국 나를 성장하게 해 줄 것이라고 넌지시 보여줬다. 시는 내가 외면하던 감정을 표현해도 괜찮은 거라며 내 등 뒤에 서서 용기를 줬다.

시를 읽으며 내 맘속 그늘의 존재를 인정하니 체하는 횟수가 줄어들었다. 위가 아파 오는 것을 느낄 수 있었으며 그럴 때면 일단 멈춰서 지금 내가 느끼고 있는 감정이 무엇이고 어디에서 온 건지를 마주하기 시작했다. 그리고 '그래, 그럴 수도 있겠다.

어느 시에서도 그러지 않았던가. 이 점도 나의 삶이다.'라고 중얼거리곤 했다. 나에게도 남에게도 너그러워졌다. 문득 삶이 다시 무거워지면 작지만 단단한 고치처럼 무릎을 감싸고 웅크려 앉아 내 안을 들여다보았다. 폭풍우 치는 감정이 수그러들길 그저 기다렸다가 밑바닥에 꽁꽁 숨어 있는 나의 속마음을 찾았다. 나를 들여다보는 그 겨를이 다시금 나를 일어서 걷게 하였다. 삶은 더 이상 나를 짓누를 수 없었다.

   내가 보고 싶은 것만 보며 살아왔을 때보다 지금 내가 사는 세상은 훨씬 더 다채로운 색과 향으로 가득하다. 부끄럽고 괴로운 일도 많지만 그만큼 기쁘고 감사한 일도 많아졌다. 지난 일 년 동안 다양한 시와 그림책을 만난 덕분이다. 시와 그림책을 만난 2022년은 나에게 있는 그대로의 세상을 바라보는 시선, 존재 자체로 나와 다른 이를 마주하는 용기가 있음을 발견하게 해 준 시간이었다. 내가 어떤 말을 하든 있는 그대로 받아들여 준 '시그림님'들의 끄덕임이 있었기 때문이다. 무지하고 편협한 나의 눈을 틔워 주신 모두에게 진한 감사를 전하고 싶다.

박애라

"시와 함께 아름답고 우아한 노년을 꿈꾸며"

나이가 많고 적고는 상관없이 과제란 항상 부담과 함께 다가오는 것 같습니다. 나에게 시란 뜻풀이하기도 바쁜 어렵고 난해한 문장 같았습니다. 마치 중학생 때 읽던 영어 독해처럼 부담감을 가지고 시를 대했으니, 선뜻 친해지지 않는 도도한 친구 같았습니다. 그런 시가 매달 쌓이고 쌓여 어느 순간 따뜻한 이해와 위로를 주는 속 깊은 다정한 친구가 되어주고 있다고 느껴집니다.

1년이란 긴 시간 속에서 무언가를 하다 보면 변하지 않는 것 같지만 어느 순간 조금은 달라진 나를 발견하게 됩니다. 한번 경험하고 느낀, 그 작은 변화가 좋아서 또 조금은 불편하고 부담이 되는 자리에 나를 두려고 했고, 올해의 선택은 '시와 그림책 모임'이었습니다. 올해도 역시나 옳았습니다. 세상 무심한 나에게 조금은 세심하고 예민하게 단어와 문장을 바라볼 수 있는 시선을 가지게 해주었고, 단어가 가지는 매력, 어떤 경우엔 명확하게, 다른 경우엔 다중적 의미로 다가오는 단어가 가지는 힘을 알게 되었습니다. 이야기의 흐름만을 따라가며 읽기 때문에 물줄기를 따라 스쳐 지나가는 것처럼 인식하던 읽기가 단어 하나, 문장 하나, 심지어는 조사 하나로도 달리 인식될 수 있음을 알게 해준 것은 한 달 동안 꾸준히 읽는 한 권의 시집이었습니다. 예전에는 시집을 한 권 사면 단숨에 쭈욱 읽어보고 마음에 맞는 한 두 개의 시로 만족했다면, 이제는 여러 권의 시를 가까이 두고 수시로 펼쳐 보며 깊게 읽고 반복해 읽는 습관을 지녔습니다. 가끔 서점에 가면 시 코너도 빠지지 않고 둘러보게 된, 애정의 대상으로 바뀌었습니다.

어느새 책꽂이에 시집들이 한쪽을 차지하게 되었고 가장 아래쪽엔 그림책들이 꽂히기 시작했습니다. 뿌듯한 시선으로 바라보다 별 부담 없이 쓱 꺼내보게 된 시집과 그림책들이 책장을 차지하고 있다는 게 올해 내게 온 또 다른 변화입니다. 딸이 내 방에 오면 "매번 책이 늘어있네"라고 하며 뒤적여 보는데 아마 어느 날엔가는 시집도 뒤적이는 날이 올 것 같습니다.

필사해라, 녹음해라, 사진을 찍으라고 하며 올려주신 과제들을 쓰고 읽고 들으며 결국엔 부담과 귀찮음을 넘어 얻게 되는 무언가가 번번이 있었음을 고백합니다. 좋아하는 사람에게 시를 낭송해주라는 과제에 연세가 많으신 엄마에게 김선우의 시집에 나온 〈꽃받침에 대하여〉를 읽어 드렸더니 엄마가 "마치 우리 사이 같은 시네." 라고 얘기하셔서 울컥했던 기억도 떠오릅니다.

50대가 되도록 살아본 저의 경험치로는 삶은 기어코 본인이 가고픈 방향으로 가더라는 겁니다. 아름답고 우아한 노년을 꿈꾸지만 아직은 삶이 막연하기만 한 길 위에서 만나 잠시 함께 걸어 준 친구들이, 시를 읽고 그림책을 보는 아름다운 시선을 가진 다정한 여러분들이어서 고마웠습니다. 2023년의 계획을 세워야 하는 이때 구체적 계획까진 아니지만 2023년에 과연 시집과 그림책을 나는 얼마나 구매하고 읽게 될까? 라는 기대를 하게 됩니다. 우아하고 지적인 할머니의 길은 여전히 멀고도 험한 것 같습니다.

오정민   " 천천히 스미듯 지워지지 않는
                                  강렬함으로 "

　이 글을 쓰면서 제가 시를 좋아하게 된 게 언제부터인지 궁금해졌습니다. 두꺼운 책을 수월하게 잘 읽어내지 못하고 허덕이는 제 독서력이 시 사랑에 한몫했을 수도 있겠다는 생각이 듭니다. 시는 짧은 호흡으로 읽지만 그 안에 담겨 있는 것들을 천천히 곱씹게 되고, 긴 시간 생각에 잠기게 합니다. 혼자서 음미하는 것도 좋지만, 시모임에서 시를 읽는 제 목소리가 좋다는 칭찬을 듣고 으쓱해져서 시에 더 푹 빠지게 되었는지도 모르겠습니다.
　쌍둥이 큰아이들이 초등학교 입학 무렵부터 저는 '동시 읽는 엄마'라는 별칭으로 아이들과 신나게 동시를 읽었습니다. 동시로 된 노래를 부르고, 동시를 필사하고 그렇게 몇 년을 동시에 푹 빠져 살았습니다. 아이들이 좀 더 자라면서 동시 읽기가 시들해지고 저 또한 동시와 조금은 멀어지기 시작할 때쯤, 청소년 시를 읽게 되었습니다. 제가 담임을 맡고 있는 학급에 청소년 시집을 선물하기도 하면서 시를 통해 아이들의 마음을 읽으려고 애썼던 것 같습니다. 그 무렵이 화정 선생님과 인연을 맺으며 소개

해 주시는 시와 소설 등에 관심을 두기 시작했습니다.

　매달 정성껏 골라주시는 시집과 그림책과 더불어, 매주 시와 그림책들을 더욱더 풍성하게 그리고 깊이 있게 만날 수 있도록 세심하게 마련해주신 과업들을 하나씩 해나가는 과정에서 혼자 읽기에서는 느끼기 힘든, 꼭 함께 읽을 때 얻을 수 있는 최대의 장점들을 다 누릴 수 있었던 것 같습니다. 참여자들이 각자의 색깔과 경험을 덧입혀 풀어주시는 이야기들은 보석처럼 귀한 이야기들이었습니다. 어떤 과제들은 정말이지 시작부터가 힘들었습니다. 왠지 모르게 제 느낌과 생각을 표현하는 것이 더 조심스럽게 느껴지기도 했고, 수줍음을 많이 타는 성향이라 제 마음을 더 솔직하게 드러내지 못한 것 같아서 아쉽기도 합니다.

　가장 기억에 남는 활동 중 하나는 안준철 시인의 시집 《나무에 기대다》를 읽고서 시인님께 편지를 썼을 때입니다. 책날개에 실린 안준철 시인님의 사진을 보면서 막연하지만 시인님을 만난다고 상상하며 편지를 써 내려갔습니다. 시인님께 보내는 편지는 처음이라 설레는 마음으로 시인님의 시를 읽으면서 제가 느꼈던 점들을 마치 시인님과 대화를 나누는 것처럼 잊지 못할 추억이 되었습니다.

　지난달 화정 작가님께서 우리 모임의 참가자들 모두에게 편지를 써 주신 일은 어떻게 말로 표현할 수 없는 감동 그 이상이었습니다.

  2022년에 시와 그림책 모임을 하지 않았더라면, 제가 지금처럼 일상의 힘든 순간들을 마주하는 때에 그 시간을 견디어 내고 지혜롭게 또는 겸허하게 통과해 나가기 위해서 시집을 펴고 시의 언어들을 읽을 수 있게 되었을까요? 매달 주어진 과제에 제가 할 수 있는 최선을 다하는 과정 속에서 시는 천천히 스미듯 제게 그렇게, 옅지만 지워지지 않는 강렬함으로 다가왔습니다. 함께한 분들 덕분이라고 생각합니다. 새해에도 시와 그림책을 읽으면서 우리 더 끈끈히 우리의 인연을 이어 나갔으면 좋겠습니다.

허은영

"내 삶에 구경꾼이 될 뻔한 나를
세상 밖으로 꺼내준 시"

삶을 뒤돌아보면 그 시작은 '그냥 나 자신을 위로하기 위해서 구나!' 싶습니다. 제겐 첫 질문이 죽음이었습니다. '대체 죽음은 뭘까?' 내 죽음이 궁금해져 죽음에 관한 책들을 읽다 다른 사람의 삶도 궁금해지기도 하고 세상에 있는 온갖 비밀과 진실들이 궁금해졌습니다. 새로운 사실들을 하나씩 만날 때마다 호기심과 책에 대한 욕구는 커지고 감동이 밀려올 때의 행복은 더 조밀하고 내밀하게 저를 흥분시켰습니다.

삶이 저에게 질문을 던지면 책에서 답을 찾듯 읽었습니다. 특히 할머니가 마지막 시간을 보내고 계실 때 저는 시집을 읽으면서 그동안 막막하기만 했던 할머니 대한 마음을 시어를 빌어 표현하는 시간을 가졌는데 그건 또 다른 위로의 시간이었습니다. 할머니의 장례를 치르고 온 뒤 바로 서점으로 달려가서 서점에 있는 할머니 그림책은 모조리 꺼내 읽고 할머니가 생각나는 책들을 한 뭉텅이 싸 들고 집에 왔습니다. 할머니가 보고 싶을 때마다 꺼내 읽는 시집과 그림책은 누구보다 더 가까운 친구가 되어 주었습니다.

시가 저를 건져준 말들이 있고 거기엔 소중한 누군가의 시간이 있었기에 작가님과 함께하는 시 모임을 신청하게 되었습니다. 4월부터 합류해 12월까지 읽고 쓴 글들을 정리하면서 모아 봤더니 대략 여덟 장이 되더군요. 글들이 생각보다 많아 놀랍기도 하고 모두 하나의 이야기처럼 자연스럽게 이어져 신기하기도 하고 감동이었습니다.

《오랜 슬픔의 다정한 얼굴》을 읽으면서는 코로나로 입원하고 계신 아버지의 건강을 기원하며 생각지 않은 순간에 닥친 부모로부터의 홀로서기를 되돌아보며, 알고 지내는 몇몇 사춘기 아이들의 마음을 헤아려보려 노력했습니다. 《아무것도 안 하는 날》의 미션을 통해 한 아이의 등교를 기다리는 그저 흘러가는 십여 분의 아무것도 아닌 시간에 생각보다 많은 일을 하고 있다는 걸 알게 되었고 다른 사람의 그 시간을 보게 되었습니다. 《나무에 기대다》를 읽으면서는 내 삶의 구경꾼이 되지 말자고 다짐했고 일상의 고요함 속에 머물며 조금은 덜 불행하고 덜 상처 나지 않는 하루하루가 되길 빌었습니다. 《세상은 아름답다고》의 미션인 시 이어쓰기를 하면서는 아름답지 않은 세상, 버려지고 사랑 없는 세상이 야속하다 원망하다가도 문득 알아버린 새와 바람, 내 숨소리의 환기로 보이는 민들레를 통해 아름답지 않은 오늘이 아름답기를 갈구하며 살만한 세상, 아름다운 세상의 이유를 찾아보기도 했습니다. 《하늘과 바람과 별과 시》를 읽으면서는 시아버지, 할머니, 어머님이 밤하늘의 별로 제 곁에 가까이 있음을 알아차리고 그들이 해 주는 이야기를 들으며 다시 힘을 내어 살자고 다독였습니다.

끝이 새로운 시작임을, 탄생이 첫 번째 생일이라면 죽음이 두 번째 생일일 수도 있고 내 정체성을 찾는 날이 두 번째 생일일 수도 있다는 것을 《혼자의 넓이》를 읽으면서 알았습니다. 시가 던진 질문을 통해 어떨 땐 타인에게 제삼자일 수밖에 없어 좌절하지만 그래도 나에게 던져진 질문에 성실하게 대답하며 사는 것만으로도 충분하다 위로하기도 했습니다. 애도의 시간, 아무것도 할 수 없을 때 시 과제, 글쓰기를 통해 다시 세상 밖으로 시선을 돌려 살아갈 힘을 얻었습니다. 《지독히 다행한》 시간 안에 있는 내 겨를의 시간을 보내면서 언어의 빈약함, 가난함을 질문했고 핑곗거리를 찾으며 살기만 급급했던 제 삶을 들여다보고 시어를 고치듯 삶의 자취를 고쳐 읽는 행위를 생각했습니다. '사는 일이 거두는 일보다 지독히 다행한 계절'이라는 시인의 말에 힘입어 한 줌의 움켜쥔 시간을 다시 살아보자고 다짐합니다. 《Love That Dog》를 통해 시를 읽으면 읽을수록 알고 싶은 '너의 존재'들을 생각했고 '왜 시인가?', '시가 뭐길래 나를 세상 밖으로 꺼내기도 하고 너의 존재들의 안으로 밀어 넣기도 하는

가?'라며 질문하다가도 내가 너를 생각하는 그만큼 나도 봐달라고 하다못해 나의 소원이 담긴 흘러가는 구름만이라도 봐달라고 누군가를 향해 애원하기도 했습니다. 마지막으로《은엉겅퀴》를 읽으면서 일 년의 8개월의 과정을 봅니다. 사는 것의 녹록지 않음을 시를 통해 읽어내고 시인의 마음을 들여다보며 다시 일어서는 중입니다.

　나에게 시란? 시를 나눈 시간을 봅니다. '세상 안팎으로 들쑥날쑥한 올해, 부족한 언어를 시어를 빌려 내 삶의 구경꾼이 될 뻔한 나를 세상 밖으로 꺼낸 것'이 시요, 홀로서기의 과정이라지만 매 순간 옆 사람의 손을 잡고 함께 서 있다는 것을 알게 해 준 것도 시입니다. 2022년 한해가 곧 시였습니다. 죽음과 삶의 시간 안에 시인의 말이 내 삶과 내 옆에 함께 살아가는 사람들과 엮여 있다는 생각이 미치자 공간을 초월한 소우주 같았습니다. 나의 우주가 그 옆, 또 다른 그 옆 사람의 우주가 서로 연결되어 살아가는 에너지를 주고받는다고 생각하자 결국 '시란 나에게 기도문이다.'라고 생각되었습니다. 만만찮은 삶임에도 불구하고 나를 돌보게 하고 타인과의 안녕과 사랑, 세상의 아름다움과 정의를 잃지 않고 살고 싶게 만들고 살게 하는, 저에겐 시를 읽는 시간, 시를 써 내려간 시간이기도 했습니다.

　너무 많은 것이 달라져 있었습니다. 마지막 시간에 나눴던 것처럼, 변하지 않은 환경에서 달라질 수 있는 건 나의 변심과 변신 덕분이라는 것을 말씀드리고 싶습니다. 시를 통해 어떤 단어가 긍정과 부정의 한가지 뜻만 있지 않다는 것을 알았습니다. 몸과 마음이 성장하는 과정에 부정도 긍정의 힘을 담고 세상을 바라볼 수 있도록 이끌어주신 작가님을 비롯해서 함께 나눈 동무들이 있어 가능했습니다. 고맙습니다.

| 자현 | "아름다움과 진정성을 향했던 우리들의 아주 특별한 시간" |

시라면

어떤 글도

시가 될 거야

단지

짧게만 쓰면 말이야

—샤론 크리치, 《Love That Dog》

시라면, 시에 대해서라면 저는 9월 27일의 잭과 비슷한 처지였습니다. 제게 시는 사람에서 시작되었습니다. 저를 생각하며 떠올랐다는 시를 곱게 낭송해서 보내주는 이의 마음에 감응하고 싶었습니다. 시를 사랑하는 이들을 더 이해하고, 그들과 더 가까워지고 싶었습니다.

제가 보기에

로버트 프로스트 씨는

시간이

좀

많은 분 같네요.

___샤론 크리치, 《Love That Dog》

　전 정말 "시간이 많은" 어른이 되고 싶었어요. 시를 읽으면서 가장 많이 한 생각도 '시간'이었습니다. 우리의 스트렛치베리, 이화정 작가님은 "시간을 들이는 법"을 알려주려는 것 같았습니다. 사물, 대상, 그리고 무엇보다 자신을 관찰하게 했죠. 후다닥 벼락치기가 아니라 천천히 시간을 들일 것을 요구했습니다. 그림도 그리게 하고, 직접 쓰게도 하고, 어느 날은 편지를 낭독할 거라고도 했습니다.

　시간에 대해 가장 기억에 남는 그녀의 말은 이거였어요. 무언가를 하지 않아도 되는 시간이 당도했을 때, 그 시간을 자기에게 쓰기란 좀처럼 어렵다고. 그녀 덕분에 다시 생각에 잠겼습니다. 우리의 시간은 어디에 있을까? 가장 소중한 시간을 나는 무엇에 쓰고 있을까….

　고요함을 추구합니다. 주로 혼자 있을 때의 풍경이지요. 하는 일은 단순해요. 책장의 책을 주욱 훑어보며 매만지거나, 하나를 꺼내어 읽거나, 음악을 듣거나, 걷거나. 그중에서도 가장 좋은 때. 따뜻한 아침볕이 들고, 창문으로 바람이 불어오고, 찻물이

끓어오르고, 무사히 시작된 새날에 감사의 기도를 올리는 순정하고 새하얀 순간, 저자의 원고를 펼칩니다. 그리고 한 가지만 생각해요. 책을 만드는 우리는 독자에게 무엇을 전하고 싶은가. 책을 덮은 뒤 독자가 무엇을 하길 바라는가. 이화정 작가님은 시와 그림책 모임에서 "무언가를 하게 만드는 사람"이 되고 싶다고 했죠. 그녀는 성공했습니다.

아이들과 함께 쓰는 거실 책상 위에 시집과 그림책을 올려둡니다. 시와 그림 이야기가 자연스럽게 일상에 스몄으면. 어른의 책이 아이의 책이 되고, 어른의 책이 또 다른 어른의 책이 되었으면 하는 바람이었습니다. 그리고 식구들과 번갈아 가며 김선우 시인의 《아무것도 안 하는 날》을 읽던 날 밤은, 이화정 작가님의 표현을 빌면 저와 시 사이에 '별뉘'가 드는 순간이었습니다.

> 하지만 모든 시 중에서
> 가장 아름다운 시는
> 내 소중한 친구, 너야.
> 바로 내 곁에 있는
> 오직 너.
> ___질 티보, 《나는 시를 써》

시를 읽어보라고 한 그녀 덕분에 시를 권하는 이가 되었습니다. 권하는 자로서 시가 뭐냐는 질문에 답을 준비해 두었습니다. 내 곁에 있는 것들, 가장 아름답고 가장 소중한 것을 찾아가는 것이 시더라고. 고전 소설도 좋고, 에세이도 좋지만, 시는 그 긴 이야기를 오래오래 생각해서, 그래서 아주아주 중요한 것들만 남기고 남겨둔 것이더라고. 그렇게 남은 마지막 하나는? 사랑이었습니다. 사랑하는 인간으로 살고자 하는 마음이었습니다. 작가님이 보내주신 편지 속의 두 단어, 아름다움과 진정성으로 향하는 길이었습니다.

한 달에 한 번씩 모여 1년간 시와 그림책을 함께 읽으며 삶을 나눈 우리는, 우리의 시간은 무어라고 부르면 될까요. 결국 다시 시간을 생각하게 됩니다. '내 소중한 친구', 다정하고 따뜻한 나의 선생님들. 고맙습니다.

에필로그

시에 의지하여 나아가는 삶

시 한 편에
첫걸음

　　　　　열두 달이라는 시간의 흐름을 자세히 살피며 글을 쓰다 발견한 마음이 있다. 멈추지 않는 마음, 어딘가를 향해 꾸준히 나아가는 마음이었다. 그 마음에 이름을 붙여주고 싶었다. 이 책을 쓰기 시작하고 막바지를 향해 갈 즈음 '진보'라는 말이 자꾸 떠올랐다. 그동안 읽은 시들과는 결이 다른 이 말이 어디서 기인했는지 뒤늦게 알아챘다. 5년 전 읽은 《마음의 진보》라는 책이었다.

　책을 다시 꺼내 읽다가 깜짝 놀랐다. 시 이야기가 나온 부분에 밑줄을 긋고 별표까지 해 둔 흔적을 발견했다. 자신의 인생을 돌아보며 쓴 책에서 한 편의 시를 소개하는 장면이 이토록 매혹적일 수 있다니. 다시 훑어보니 저자가 프롤로그에 소개한 시가 500쪽이 넘는 평전을 관통하고 있었다. 시 한 편과의 만남이 인생의 변곡점이 되었다는 이야기가 새삼 놀라웠다.

카렌 암스트롱이 강의를 듣다가 T. S.엘리엇의 시를 읽으며 느낀 생생한 감동은 우리가 시모임을 하며 배우고 느낀 것과 다르지 않았다.

> 영혼이 회복되는 과정을 그린 T. S. 엘리엇의 〈재의 수요일〉은 내 인생 여정의 핵심을 찌른다. … 엘리엇의 〈재의 수요일〉에서 우리는 시인이 고통스럽게 나선의 계단을 올라가는 모습을 지켜본다. 그 이미지는 똑같은 단어와 구를 반복하면서 겉으로 보아서는 제자리에서 맴도는 것처럼 보이지만 그래도 꾸준히 앞으로 나아가는 뒤틀린 문체로도 나타난다. 나의 인생도 그런 식으로 펼쳐졌다. ─ 카렌 암스트롱, 《마음의 진보》

그렇게 다가온 시를 '권위자가 해석할 때까지' 기다리지 않고 머리로만 받아들이지도 않았다는 그는 '나의 모든 인격이 어떤 식으로든 결부된 아주 감성적이고 직관적인 반응'을 했다고 밝힌다. 그는 시 한 편을 숙고하며 자신의 지나온 인생을 돌아보았고, 글쓰기를 통해 앞으로 나아갔다. 저명한 종교학자가 쓴 인생 시 이야기에서 나는 시의 일상성을 발견했다. 매일 반복되는 날들에서도 어떻게든 더 나은 삶을 꿈꾸며 나아가는 나, 매번 한계에 부딪히면서도 읽고 쓰며 더 나은 모습을 향해 나아가려는 내가 나선형 계단을 오르는 시인의 모습과 다르지 않아 보였다. 시를 읽고 자신을 비추어보는 저자의 모습도 꼭 내 모습 같았다.

마지막 한 걸음

2022년 8월, 윤동주 시집을 읽고 모임까지 마치고 난 뒤 윤동주 문학관을 찾아갔다. 시인에게 한 걸음 더 다가서고 싶었다. 문학관에 다녀오던 날, 시도 천천히 다시 사랑하는 연습이 필요하다는 걸 깨달았다. 교과서 속에서 만났던 시인을 영화에서 보고, 소설로 읽고, 한때 살았던 하숙집 앞에서 상상해 보고, 문학관을 찾아가기까지 나는 무엇을 향해 나아갔던 것일까?

'이 책이 당신과 나 사이의 상호 작용이 이루어지는 깊고 아늑한 굴이 되었으면 좋겠습니다.'

미리 써 두었던 에필로그 한 줄이다. 8월 모임 뒤 몇 달이 흘렀다. 12월 마지막 모임을 마치고도 석 달 가까이 지난 때였다.

추적추적 비가 내리는 휴일 아침, 버스를 갈아타고 도착한 윤동주 문학관 입구에서 한참을 서 있었다. 벽에 윤동주 얼굴과 함께 그의 시 〈새로운 길〉이 새겨져 있었다. 가방은 무거웠고 마감이 코앞에 있었다. 새로운 길 따위는 오르고 싶지 않다는 생각이 스쳤다.

윤동주 문학관의 영상물을 보기 위해 들어선 제3전시실은 온기라고는 전혀 없고 비까지 내려 더 스산했다. 육중한 철문을 열고 들어가 마주하는 삭막한 풍경, 깜깜하고 서늘한 전시실은 웬만하면 들어서고 싶지 않은 인생의 터널 같기도 했다. 처음 왔을 때 짓누르던 공포감은 누그러들었지만 여전히 무서웠다. 그래도 안쪽으로 들어가 의자에 앉았다. 고단한 몸에 한기가 파고들었다. 가방을 꼭 끌어안고 몸을 웅크렸다. '깊고 아늑한 굴'이라는 말을 써 놓고 마무리하겠다고 찾아간 곳. 도무지 어울리지 않는 곳에 앉아서 나는 무엇을 기다리고 있었을까?

윤동주 문학관에서 나는 위대한 민족시인 윤동주만 보고 온 게 아니다. 동시를 쓰던 어린 윤동주를 보았고, 하늘과 바람과 별과 나무의 아름다움에 감응하는 사춘기 소년 윤동주를 만났다. 〈참회록〉을 쓰고 여백에 '詩란?' 끄적여 놓고 모르겠다고 써 놓은 청년 윤동주의 인간적인 고뇌를 보기도 했다. 그리고 외마디 비명을 남기고 떠난 후쿠오카의 감옥을 연상시키는 어둡고 서늘한 전시실 안에서 비로소 윤동주의 고통을 헤아려보았다. 내 아들과 동갑인 한 청년의 외로움과 그리움이 한기와 함께 마음에 깊이 스며드는 순간, 처음 왔을 때는 느끼지 못했던 감정이 봇물처럼 터졌다.

시로 한 걸음 한 걸음, 일상의 진보

　　　　　　윤동주의 시를 세상에 알리는 데 힘을 쏟은 정병욱 선생은 이 세상에 시나 시인이 존재하기 위해서는 세 단계의 일이 필요하다고 했다. 첫째 시를 쓰는 일, 둘째 그 시를 세상에 알리는 일, 셋째 그 시를 제대로 알아보고 평가해 주는 일.

　모임을 하는 동안 시 덕분에 우리의 일상은 정신적으로 풍요로워졌고, 우리의 시선은 넓고 깊어졌다. 우리는 낮게 엎드려 피는 은엉겅퀴를 들여다보며 작은 존재를 살피는 마음가짐을 배웠고, 멀리 날아가는 새들의 무리 속, 뒤처진 새를 응원하는 시인의 마음으로 서로를 보살폈다. 무엇보다 이 세상에 시와 시인이 존재하도록 우리가 기여하고 있었다는 데 자부심을 느꼈다. 우리는 일 년 내내 시를 읽었고, 때로 시를 쓰기도 했다. 주변 사람들에게 부지런히 시집을 소개하고 시 이야기를 들려주었다. 시를 제대로 알아보고 평가할 수는 없어도 시에 대한 글을 찾아 읽고 공부했다. 시에 대해 더 알게 되었는지는 모르겠지만 한 가지는 확실히 말할 수 있다. 우리는 시를 더 좋아하게 되었다는 것. 우리를 울고 웃게 만들었던 시들 덕분에 서로를 아끼고 사랑하게 되었다는 것. 무엇보다 우리는 시와 더 친해졌다. 불현듯 다가오는 시를 누군가의 해석에 기대지 않고 우리 고유의 감성을 존중하며 각자에게 맞는 방식으로 받아들이게 되었다. 우리에게도 마음의 진보가, 나아가 일상의 진보가 있었던 셈이다.

  문학관을 나와 무작정 걷다가 가시지 않는 한기에 카페로 들어가 자리를 잡고 앉았다. 2층 구석의 창가에 앉아 마지막 장을 쓰는 중이었다. 펼쳐둔 《마음의 진보》 책과 노트북 위로 거짓말처럼 햇살이 비추었다. 나뭇가지들이 드리우는 그림자가 잠시 어른거리다 사라졌다. 하늘은 다시 회색빛이 되었다. 순간 내가 기다리던 것이 잠시 머물다 갔다는 걸 깨달았다. '볕뉘'였다.

  봄이 멀어 보여도, 마음이 가슴 시린 잿빛 같아도, 거의 매일 우리에게 찾아오는 고마운 존재, 햇볕. 시는 틈새로 찾아오는 온기다. 시를 함께 읽는 것은 그 온기를 높이는 일과 같다. '볕뉘 같았던 존재들'과 '시의 온기'로 특별하고 안온한 한 해를 보냈다. 아직도 가야 할 길은 멀다. 인생이 어둡고 차갑고 먼 길처럼만 느껴질 때, 시의 아름다운 빛과 따스한 온기에 의지하려 한다. 서늘하고 어둡고 진창 같은 날에도 별뉘를 상상하는 힘. 어떤 상황에 놓여 있더라도 마음을 움직여보라는 것. 그 자리에서 한 걸음만 발을 떼어보라는 것. 아무것도 못 하겠으면 고개를 들어 하늘을 보라는 것. 별뉘 같은 존재가 되어줄 한 사람을 떠올려보라는 것. 시로부터 얻은 힘이다. 이 책 어딘가에 그날 내가 놀라며 쳐다보았던 햇살 한 줄기를 끼워 두고 싶다.

시가 좋아서 읽지만, 여전히 어렵다. 많은 사람과 시를 나누며 행복한 시간을 보내지만, 여전히 외로움에 시달린다. 시에서 힘을 얻어 힘차게 하루를 살다가도 시 한 줄에 담긴 삶의 고통에 휘청이기도 한다. 계속하고 싶은 마음과 이제는 그만 쉬고 싶다는 생각 사이에서 갈피를 못 잡는다. 그럼에도 마음은 나아간다.

시를 문학이라는 고아한 세계의 특별한 존재로만 보지 않고 일상의 언어로 해석하려고 애쓰는 동안 나는 점점 시적인 삶으로 진보할 수 있었다. 진보라는 선언적인 말조차 시적으로 해석할 수 있게 되었다. 시를 좋아하는 만큼 시에 대해 글을 쓰는 여정은 힘들고 괴로웠다. 마지막 발걸음이 윤동주 문학관으로 이어졌던 이유. 어두침침한 전시실 안에서야 알았던 것. 머리에서 가슴까지 이르는 시의 여정에 마침표를 찍는 순간이었다.

이 여정의 끝에 봄이 기다리고 있었다. 에필로그를 쓰기 전에

《하늘과 바람과 별과 시》를 다시 읽다가 유독 한 구절이 사무쳤다. '봄이 혈관 속에 시내처럼 흘러' 봄꽃들을 피워내는 장면. 그 뒤로 '삼동(三冬)을 참아 온 나는/ 풀포기처럼 피어난다'(〈봄〉)는 말이 나온다. 윤동주는 맞이하지 못했던 봄이 내 앞에는 어김없이 찾아와 주었다. 당연한 일로만 여기던 것이 사실은 얼마나 대단한 일인지 안준철 시인은 〈봄이 온다는 것은〉에서 가르쳐 준다. 봄은 세상이 아무리 엉망이어도 끝낼 마음이 없어서 '딴마음 품지 않고' 찾아온다고 한다. 그렇다면 나도 딴마음 품지 말고 봄처럼 열심히 살아야 하지 않겠는가. 무엇보다 시가, 시를 사랑했던 이들의 말이 다시 나의 등을 부드럽게 밀어주고 있는 것 같다.

'내 영혼은 앞으로 나아간다'

머리로만 읽었던 글이 오랜 시간이 흐른 뒤 비로소 가슴으로 이해되기도 한다. T. S. 엘리엇의 시 한 편에 감화된 카렌 암스트롱은 남루한 현실도 아름답다고 여기며 앞을 향해 나아갔다. 이제 내 차례, 그리고 당신 차례다. 우리가 나아갈 때다. 비 오는 날, 〈새로운 길〉 앞에서 한없이 처진 마음으로 읽던 시를 따스한 볕뉘를 기다리며 다시 읽는다. 윤동주가 걸어간 길을 따라 뚜벅뚜벅 봄을 향해 걸어간다.

부록 1

멈추지 않는 영혼의 끈
―――――――――― 한 달에 한 권 시와 그림책들

도서명(작품명) 저자(글 그림), 옮긴이, 출판사, 출판연도 순

프롤로그
- 《꽃으로 엮은 방패》 곽재구, 창비, 2021.
- 《열두 개의 달 시화집 봄 여름 가을 겨울》 윤동주 외 39명 글, 귀스타브 카유보트·파울 클레·차일드 하삼 등 그림, 저녁달고양이, 2019.

초대장
- 《힘들 때 시》 로저 하우스덴, 문형진 옮김, 소담출판사, 2019.
- 《가위 바위 보》 패트리샤 매클라클랜 글, 크빈트 부흐홀츠 그림, 김영진 옮김, 미래엔아이세움, 2008.

1월
- 《어린 나무의 눈을 털어주다》 울라브 하우게, 임선기 옮김, 봄날의책, 2017.
- 《눈 내리는 저녁 숲가에 멈춰 서서》 로버트 프로스트 시, 수잔 제퍼스 그림, 이상희 옮김, 살림어린이, 2013.
- 《휘파람 부는 사람》 메리 올리버, 민승남 옮김, 마음산책, 2015.
- 《나와 마주하는 시간》 라이너 쿤체, 전영애·박세인 옮김, 봄날의책, 2019.

2월
- 《새들은 날기 위해 울음마저 버린다》 김용만, 삶창, 2021.
- 《흰 눈》 공광규 시, 주리 그림, 바우솔, 2016.
- 《다시, 올리브》 엘리자베스 스트라우트, 정연희 옮김, 문학동네, 2020.
- 《두더지 잡기》 마크 헤이머, 황유원 옮김, 카라칼, 2021.

3월
- 《다시, 봄》 장영희 글, 김점선 그림, 샘터, 2014.

- 《시의 날개를 달고》 제니퍼 번 글, 베카 스태트랜더 그림, 박혜란 옮김, 산하, 2020.
  * 추천 영화 : 〈조용한 열정〉, 테렌스 데이비스 감독, 2016.
- 《아침은 생각한다》 문태준, 창비, 2022.
- 《봄이다!》 줄리 폴리아노 글, 에린 E. 스테드 그림, 이예원 옮김, 별천지, 2012.
- 《에밀리》 마이클 베다드 글, 바바라 쿠니 그림, 김명수 옮김, 비룡소, 1998.

4월

- 《오랜 슬픔의 다정한 얼굴》 칼 윌슨 베이커, 강수영 옮김, 문학의숲, 2019.
- 《거리에 핀 꽃》 존아노 로슨 기획, 시드니 스미스 그림, 국민서관, 2015.
- 《야생의 위로》 에마 미첼, 신소희 옮김, 심심, 2020.
- 《내게 진실의 전부를 주지 마세요》 울라브 하우게, 황정아 옮김, 실천문학사, 2008.
- 《함께 읽어 서로 빛나는 북 코디네이터》 이화정, 이비락, 2019.
- 《오렌지색 여우 페리보》 루마오, 김세영 옮김, 씨드북, 2016.

5월

- 《아무것도 안 하는 날》 김선우, 단비, 2018.
- 《아무것도 아닌 것》 쇠렌 린 글, 한나 바르톨린 그림, 하빈영 옮김, 현북스, 2015.
- 《모든 것의 가장자리에서》 파커 J. 파머, 김찬호·정하린 옮김, 글항아리, 2018.
- 《샬롯의 거미줄》 엘윈 브룩스 화이트 글, 가스 윌리엄즈 그림, 김화곤 옮김, 시공주니어, 1996.
- 《지금 여기가 맨 앞》 이문재, 문학동네, 2014.

6월

- 《나무에 기대다》 안준철, 푸른사상, 2021.
- 《왜냐면 말이지…》 맥 바넷 글, 이자벨 아르스노 그림, 공경희 옮김, 시공주

니어, 2019.

7월
- 《세상은 아름답다고》 오사다 히로시, 박성민 옮김, 시와서, 2021.
- 《첫 번째 질문》 오사다 히로시 글, 이세 히데코 그림, 김소연 옮김, 천개의바람, 2014.
- 《올리브 키터리지》 엘리자베스 스트라우트, 권상미 옮김, 문학동네, 2010.
- 《심호흡의 필요》 오사다 히로시, 박성민 옮김, 시와서, 2020.
- 《꽃샘바람에 흔들린다면 너는 꽃》 류시화, 수오서재, 2022.

8월
- 《하늘과 바람과 별과 시》 윤동주, 소와다리, 2016.
- 《여우와 별》 코랄리 빅포드 스미스, 최상희 옮김, 사계절, 2016.
- 《톨스토이 단편선 1》 레프 니콜라예비치 톨스토이, 이일선 그림, 권희정·김은경 옮김, 인디북, 2005.
- 《두 늙은 여자》 벨마 월리스, 짐 그랜트 그림, 김남주 옮김, 이봄, 2018.
- 《바다 사이 등대》 M. L. 스테드먼, 홍한별 옮김, 문학동네, 2015.
- 《미루와 그림자》 이은영, 바람의아이들, 2021.
- 《시인 동주》 안소영, 창비, 2015.
  * 추천 영화 : 〈동주〉, 이준익 감독, 2015.

9월
- 《혼자의 넓이》 이문재, 창비, 2021.
- 《오늘은 하늘에 둥근 달》 아라이 료지, 김난주 옮김, 시공주니어, 2020.
- 《산책 Promenade》 이정호, 상출판사, 2016.

10월
- 《지독히 다행한》 천양희, 창비, 2021.

- 《바닷가 아틀리에》 호리카와 리마코, 김숙 옮김, 북뱅크, 2022.
- 《시는 내가 홀로 있는 방식》 페르난두 페소아, 김한민 옮김, 민음사, 2018.

11월

- 《Love That Dog》 샤론 크리치 글, 로트라우트 S. 베르너 그림, 신현림 옮김, 비룡소, 2009.
- 《나는 시를 써》 질 티보 글, 마농 고티에 그림, 이경혜 옮김, 한울림어린이, 2019.
- 《충실한 마음》 델핀 드 비강, 윤석헌 옮김, 레모, 2019.
- 《작은 파티 드레스》 크리스티앙 보뱅, 이창실 옮김, 1984BOOKS, 2021.
- 《도토리시간》 이진희, 글로연, 2019.
- 《몸의 일기》 다니엘 페나크, 조현실 옮김, 문학과지성사, 2015.
- 《슬픔을 공부하는 슬픔》 신형철, 한겨레출판, 2018.
- 《브루키와 작은 양》 M. B. 고프스타인, 이수지 옮김, 미디어창비, 2021.
- 《할머니의 저녁 식사》 M. B. 고프스타인, 이수지 옮김, 미디어창비, 2021.

12월

- 《은엉겅퀴》 라이너 쿤체, 전영애·박세인 옮김, 봄날의책, 2022.
- 《당신의 마음에 이름을 붙인다면》 마리야 이바시키나, 김지은 옮김, 책읽는곰, 2022.
- 《시인의 집》 전영애, 문학동네, 2015.
- 《그녀에게》 나희덕, 예경, 2015.

에필로그

- 《마음의 진보》 카렌 암스트롱, 이희재 옮김, 교양인, 2006.

2023년 시와 그림책 모임 선정 책

1월
- 《햇볕 쬐기》 조온윤, 창비, 2022.
- 《산이 웃었다》 사라 도나티, 나선희 옮김, 책빛, 2022.

2월
- 《용서를 배울 만한 시간》 심재휘, 문학동네, 2018.
- 《동쪽 수집》 윤의진, 물고기이발관, 2019.

3월
- 《천 개의 아침》 메리 올리버, 민승남 옮김, 마음산책, 2020.
- 《나는 기다립니다》 다비드 칼리 글, 세르주 블로크 그림, 안수연 옮김, 문학동네, 2007.

4월
- 《마음챙김의 시》 류시화 엮음, 수오서재, 2020.
- 《새벽길》 다니엘 페르 글, 엘레나 로톤도 그림, 서희준 옮김, 계수나무, 2022.

5월
- 《어린이 마음 시툰》 소복이, 시 선정 김용택, 창비, 2020.
- 《귀를 기울이면》 나딘 로베르 글, 친 렁 그림, 강나은 옮김, 작은코도마뱀, 2023.

부록 2

'반짝이는 달력 모임' 회원들의 시와 그림책 이야기

오용숙
'번개북클럽', '사소하게 소소한 독서 모임' 리더

2020년 반짝이는 달력 모임에서 〈천둥소리가 저 멀리서 들려오고〉(《열두 개의 달 시화집 7월》)를 함께 읽을 때였다. 반짝이님들(모임에 참여하신 분들)은 여름의 소리를 열심히 채집해서 파일을 공유했다. 아이스커피의 얼음 부딪히는 소리, 풀벌레 소리, 동네 아이들이 뛰노는 소리, 놀이터를 찾아온 새 소리, 늦은 밤 개가 짖는 소리, 국수를 삶아 헹굴 때의 물소리.

여름만의 소리가 있다고 생각하지 못하다가 소리에 귀 기울이는 한 달을 보냈다. 소리가 풍성해지는 7월을 가지게 되었다. 귀를 쫑긋 세우며 지내다 보니 시의 소리도 들렸다. '수르르 수르르 쉬루르' 눈물이 흐르는 소리(김소월 〈눈물이 쉬루르 흘러납니다〉), 쨍한 볕 아래에서 흰 빨래들이 수다 떠는 소리를 들었다(윤동주 〈빨래〉). 정지용 시인의 〈바다 1〉을 읽을 때는, 모래사장에 앉아 넋 놓고 바다를 바라보며 파도 소리를 듣고 있는 듯했다. 시가 나를 바닷가로 데려다주었다.

모임의 숙제가 없었다면 소리 채집을 해 보았을까. 혼자서 읽었다면 여름의 소리가 이렇게 다양하다는 것을 알 수 있었을까. 소리를 모으지 않았다면 시의 소리를 들을 수 있었을까. 시를 즐겨 읽지 않았던 내가 모임을 하고, 반짝이님들의 소리를 들으며 시에 다가갈 수 있게 되었다. 타박타박. 산책길의 소리를 모으고, 함께 걸으며, 시를 나누었다. 보폭을 맞추며, 시를 함께 즐기는 것. 벗들에게 권하고 싶다.

김진화
군포 책놀이터도서관 운영자

2021년 1월. 반짝이는 달력 모임에서 울라브 하우게의 시집《어린 나무의 눈을 털어주다》를 함께 읽었습니다. 가장 좋았던 시를 한 편 골라 낭독한 음성 파일을 공유하기, 다른 한편을 골라 필사하고 사진을 찍어 올리는 과제가 있었습니다. '반짝이는 달력 모임'에서 시집을 읽어서 좋았습니다. 만나고 싶었던 선생님과 대화하는 자체가 설레고 좋았습니다. 각자의 목소리로 녹음한 음성 파일을 들으며 시어를 하나하나 곱씹어 보게 되었습니다. 필사하고 사진을 찍어 올리는 과제를 할 때는 다른 '반짝이님들'이 고른 시를 통해 미처 발견하지 못한 의미를 깨닫기도 했습니다.

처음 시작했던 시집이어서 더 애정이 가기도 하고, 그때의 나눔이 더 강렬하게 남아 있는지도 모르겠어요. 울라브 하우게의 시를 읽으면서 짧은 시어가 주는 힘에 대해 생각해보았고요. 사물을 대하면서 생각을 더 섬세하게, 내 삶을 더 깊이 있게 들여다보는 시간을 갖게 되었네요. 나중에 읽게 된 다른 시집들도 참 좋았지만 처음 시작했던 시집이라서 더 애정이 가기에 울라브 하우게 시집을 추천합니다. 시는 우리의 일상을 좀 더 느린 시선으로 보고, 잊어버렸던 우리의 감성을 말랑하게 하는 힘이 있어요. 특히 선생님의 과제를 하고 반짝이님들과 나눈 이야기들은 나의 삶을 더 깊이 있게 풍성하게 해 주었답니다.

사 월
책지기, 그림책 활동가, 순천그림책도서관 전시해설사

내게 시는 까다로웠다. 적어도 '나'라는 독자에겐 그랬다. '시적 허용'은 '시인 마음대로'라는 뜻으로 읽혀 시어는 의미가 난무하고 해석은 의미 없게 느껴졌다. 그래서 시를 읽기보다 쓰기를 즐겼다. 시를 흉내 냈지만 시로 남을 수 없었던 사춘기는 낙서가 되어 흩어졌다. 살다 보면 가슴을 울리는 시집 한 권쯤은 있는 법일까. 스무 살에 시인 '기형도'를 만났다. 그의 첫 시집이자 유작인 《입속의 검은 잎》을 25년 가까이 닳도록 읽었다. 물론 나는 시가 아니라 〈흔해 빠진 독서〉를, 〈길 위에서 중얼거리다〉를, 〈질투는 나의 힘〉을 애착했을 뿐이었다.

마흔 넘어 다시 시집을 펼쳤다. 이화정 작가의 '반짝이는 달력 모임'에서였다. 《열두 개의 달 시화집》 11월에 실린 미야자와 겐지의 〈비에도 지지 않고〉를 낭독하는데 목 밑이 뜨거워졌다. '비에도 지지 않고/ 바람에도 지지 않고/ 눈에도 여름 더위에도 지지 않는/ 튼튼한 몸으로'

일본에서 〈비에도 지지 않고〉는 한국에서 윤동주의 〈서시〉와 맞먹는 국민 시라는 사실을 나중에야 알았다. '하루에 현미 네 홉과/ 된장과 채소를 조금 먹고/ 모든 일에 자기 잇속을 따지지 않고' 시처럼 검소하고 이타적이었다는 시인의 짧은 생에 감화되어 요즘도 수시로 시를 녹음한다. 인생 시를 만난 감흥뿐 아니라 이화정 작가가 건네는 미션을 통해 나의 '내면'을 마주하는 일도 특별했다. 함께하는 책 벗들의 사연은 반짝였고 더불어 시는 한층 그윽해졌다. 어느덧 시는 내게 시를 쓰는 사람과 읽는 사람을 이어주었다. 반짝이는 달력 모임 덕분에 나는 이제 더 이상 시를 외면하지 않는다.

안성은
틈틈이 읽고 쓰는 직장맘, 《우리 같이 볼래요》 공저자

2021년 5월, '반짝이는 달력 모임'에서는 메리 올리버의 시집 《천 개의 아침》을 함께 읽었습니다. 이화정 선생님의 질문이 친절한 안내등이 되었습니다. 내가 뭘 할 때 기쁜지, 언제 나 자신이 아름답다고 여기는지, '깃털처럼 조용히' 쉬는 방법을 찾아보고, 산책길에 만난 아름다운 소리를 모아보고, 나의 결심은 무엇인지 생각하니 그 자체로 또 하나의 시가 되었습니다.

시집을 함께 읽는 사람 수만큼 새로운 시가 쏟아졌습니다. 각자가 처한 현실도, 마음을 울리는 구절도 다 달랐지만 상대방의 풍경을 가늠해보며 충분히 공감할 수 있었습니다. 내 과제를 읽다가 울컥하고, 다른 분들의 과제를 들으며 종종 눈물이 났습니다. 모두 잠든 고요한 밤에, 다시 모니터 앞에 모여 말간 얼굴을 비춰주는 멤버들을 마주 보며 연결되어 있다고 느낄 수 있었습니다. 내가 이렇게 따뜻한 사람들 안에서 보호받고 있구나, 나의 가장 약한 부분을 드러내도 되는 안전한 곳에 있구나. 같은 것을 좋아하고 공감할 수 있다는 게 얼마나 축복받은 일인지 느낄 수 있었습니다.

메리 올리버가 자연에서 건져 올린 아름다운 사유가, 그의 시집을 함께 읽은 우리에게도 각자의 삶을 더 다정하게 바라볼 수 있게 해주었습니다. 도대체 재밌는 게 하나도 없고 하루하루가 너무 분주하고 비슷하게 여겨질 때가 있다면, 메리 올리버의 시집을 추천하고 싶습니다. 내가 무엇을 할 때 기쁜지, 내가 언제 아름다운지 떠올리다 보면 왠지 눈가가 촉촉해지고, 세상을 바라보는 눈이 한결 부드러워질지 몰라요.

우연주
운양동 독서 교실 '연주서림' 운영자

2020년 코로나로 거리두기에 익숙해지기 시작할 때 참여했던 모임이 있습니다. 한 달 동안 시집 한 권을 함께 읽고 화상으로 이야기를 나누었습니다. 문학을 좋아하는 저도 시는 너무나 어려웠습니다. 모임에서 봄, 여름, 가을, 겨울 시를 읽으며 사계절 안에 수많은 감정들을 채웠습니다. 달달한 감정, 쓰라린 감정, 무겁거나 가벼운 감정, 눈물이 툭 떨어지던 감정을 마주했습니다.

그리고 저는, 시를 조금 더 제 안으로 받아들일 용기가 생겼습니다. 시집이 난해하다며 자꾸 밀어놓기 일쑤였던 제가 시를 한 편, 두 편 읽고 또 읽는 날이 이어졌습니다. 이제는 시인과 대화를 나누는 것으로 생각하며 읽어나갑니다. 빠듯한 시간 속에서 조급한 마음으로 읽었을 때와는 달리 이제는 시의 여백에도 마음을 두기 시작했습니다.

시를 읽으며 하루를 시작하거나 마무리하며 모임의 기억을 이어갑니다. 시집을 펼쳐 들고 시 한 편을 오래 읽다가 가만히 옮겨 적는 것으로 나만의 고요한 시간을 보내기도 합니다. 그것으로도 충분합니다. 시가 어렵지만 시의 세계로 들어오고 싶은 분들을 두 팔 벌려 환대하고 싶습니다.

임순미
자기 빛깔대로 살아가는 두 아이와 '에바다 홈스쿨링' 중

《열두 개의 달 시화집》 중 단연코 제게 너무 좋았던 달은 5월입니다. 푸르고 맑은 자연과 따뜻한 사람들을 떠올리게 하는 기념적인 달이기도 한 5월, "나를 위한 기념의 날을 이름 지어 주세요!"라는 미션이 찾아왔습니다. 육아도 나를 대면하고 마주하는 일이기에 저의 시선은 첫째 아들에게 머물렀습니다. 동생이 생긴 후로 엄마의 사랑을 빼앗겼다는 마음에 부침이 있던 터라 단둘이 오붓한 시간을 보내고 싶다는 생각이 문득 들었어요. 그렇게 탄생한 나를 위한 기념의 날 이름은 '저편의 나를 만나는 날'로 정했습니다.

곤충을 좋아하는 아이를 위해 단둘이 여주 곤충 박물관으로 향했습니다. 곤충 속으로 들어가는 아이의 모습을 한 발짝 뒤에서 지켜보는 것만으로도 충분했습니다. 일상에서 잠시 일탈하여 아이와 함께 자연에서 뛰어놀며 하하 호호 웃을 수 있는 그 하루가 선물 같았어요.

미션을 마치고 멤버들과 함께 나누면서 작가님이 전해주신 따뜻한 이야기가 너무 좋았습니다. "힘들고 지치는 순간에 오늘의 이 밝고 환한 장면들을 기억하며 충전하시길요." 5월의 시화집 《다정히도 불어오는 바람》의 시처럼 내 숨결 가볍게 실어 보냈던 날이었어요.

'그림은 말 없는 시이고 시는 말하는 그림이다.' 《열두 개의 달 시화집》 뒤표지의 글입니다. 필사든 낭독이든 시는 다시 나에게 속삭여주듯 가만히 내 마음 깊은 곳의 울림으로 전해줍니다. 끝으로 저에게 시란, 시로부터 받은 사랑을 고이지 않게 흘려보내는 것입니다. 그 사랑을 함께 나누실래요?

김태임
그림책 테라피스트, 대전 '마음독립서점' 대표

내 마음속 시의 고향 '꿀 따러 가세' 시모임. 우리는 서로를 꿀님이라 불렀다. 아침마다 시모닝 꿀모닝 인사를 나눴던 그해 여름 그리고 가을. 모임 운영을 위해 열린 단톡방 대화마저도 사랑스러움과 아름다움으로 가득했던 날들. 떠올려보면 죽었던 감각이 살아났던 날들이었다.

늘 반복되는 지겨운 장마에도 빗소리에 귀 기울이게 되었고, 뱅글뱅글 춤추며 내려오는 낙엽을 한없이 바라보기도 했다. 내겐 너무 어려웠던 '시'라는 세계가 실은 가장 가까이에서 나를 품고 있었다는 사실을 알게 되었다. 닫혔던 모든 감각이 열리고, 내가 미처 보고 듣지 못한 곳을 꿀님들의 나눔을 통해 세밀하게 새길 수 있었다. 시모임이 아니었다면 가닿지 못했을 세계. 시와 나 사이에 꿀님들이 없었다면 연결되지 못했을 거다. 작가님이 나를 위해 고르고 골라 낭독해주신 시는 두고두고 힘들 때마다 꺼내어 보고 듣는다. 〈세상은 한 권의 책〉 오사다 히로시의 시. 듣자마자 너무 좋아서 눈물이 핑 돌았던 순간이 잊히지 않는다. 비루한 현실에서 다른 세상으로의 순간 이동. 아니 현실이 바뀔 리 없다. 시를 듣기 전엔 숨어 있던, 현실을 기꺼이 마주할 용기가 솟아난다. 내가 살아있음을 생생히 느끼게 해 주었다.

어느 날 과제 중에 각자의 겨울 이름을 올리는 날, 나의 겨울 이름은 '살아있음'이었다. 내가 살아있고, 우리가 각자의 자리에서 살아있음을 시를 통해 알았다. 어려움에서 다정함으로 시가 내게 왔다. 고단하고 팍팍한 내 삶에도 아주 조그마한, 그래서 더 소중한 아름다움과 고귀함을 발견할 창을 내주었다. 시라는 창을 통해 본 그곳에는 생생히 살아있는 내가, 우리가 있었다.

김미화
책이랑 그림이랑 함께하는 '이랑' 책방지기

2021년 '반짝이는 달력 모임'에서 나에게 즐거운 순간을 선물했던 그림책 《연필》을 처음 만났다. 우리는 나무와 관련한 책과 주제를 연결해, 한 달 내내 나에 대해 생각해 보는 시간을 가졌다. 덕분에 그동안 잊고 지냈던 나에 대한 기억, 소중한 순간들을 꺼내 보고 기록하는 시간을 가졌다. 7월의 책은 '연필'이었고 연필과 관련한 나의 에피소드를 써보는 미션이 주어졌다. 그때의 기억과 글을 공유한다.

왼손으로 4B연필을 잡고 오른손으로 커터칼을 쥔다. 타르르륵 딸깍. 스윽 스윽. 스윽 스윽. 샤샤샤샥. 연필을 깎을 때만큼은 최선의 진심을 다한다. 칼로 깎은 연필로 그림을 그릴 때의 첫 느낌. 연필이 도화지 위에 사락사락 휙휙 지나갈 때의 느낌이 좋다. 그 완전한 시작을 위해 정성을 다한다. 이러한 과정만으로도 그림을 그리는 행위는 나에게 소중해진다.

연필 소묘를 그리기 위해 연필을 깎을 때는 일반적으로 연필을 깎을 때보다 더 길게 깎는다. 연필로 스케치 후 색까지 칠해야 하는 과정 동안 금방 닳아버리기 때문에 조금이라도 더 오래 쓰기 위해 길게 깎는다. 이제는 굳이 연필 소묘를 하지 않아도 연필을 길게 깎는 게 익숙하다. 나에겐 잠자리 브랜드의 검은색 4B연필의 무르기와 느낌이 익숙해져 버려 조금 단단한 나무 연필을 만나 깎을 때면 당황스럽다. 삐뚤빼뚤 울퉁불퉁. 아… 맘에 들지 않는다. 힘이 들어간다. 왜 이렇게 잘 안 되는 거야. 아 얘는 그냥 연필 깎기로 깎아야겠다. 익숙하지 않은 대상에게 조금 더 많은 에너지가 들어간다. 대상에 따라 그에 맞는 방식으로 맞춰 대응한다.

이 선 희
그림책에 빠져있는 행복한 예비 할머니

우연한 기회에 이웃의 권유로 동네 작은 도서관 옹달샘에서 주최하는 시 모임을 하게 됐다. 화상 모임으로 진행되는 거라 호기심 반 기대 반으로 참가했다. 주 1회 4번의 모임이었다. 평소 '시'에 관심이 별로 없었다. 어렵게만 느껴졌다. 시와 그림책이라고 해서, 그림책이라면 가볍게 읽을 수 있겠다 싶어서 시작했다. 첫 시간 이화정 작가님과의 만남은 신선한 충격이었다. "시란 무엇이라고 생각하나요?"라는 질문은 시에 대해 다시 생각할 수 있는 시간이었다.

시가 뭐지? 곰곰이 생각해보니 시란 일상생활에서의 깨달음을 글로 표현한 것이 아닐까 생각했다. 시인은 일상을 색다른 시각으로 오래 들여다보는 사람이라고 한다. 시를 읽다 보면 시적 감수성이 삶을 풍요롭게 한다고 한다. 시를 필사하고 낭독하면서 시와 친해져야겠다는 마음이 생겼다. 첫 시간이 끝나고 과제로 《흰 눈》이라는 그림책을 읽은 다음 필사하고 느낀 점을 끄적여 보라고 했다.

도서관에서 책을 빌렸다. 그림도 예쁘고 글도 좋아서 읽고 난 뒤 엄마와 함께 다시 보았다. 엄마가 무척 좋아하셨다. 지난봄 휠체어를 밀고 엄마와 함께 벚꽃이 만발한 반석천의 산책길을 걷던 생각, 바람에 날리던 꽃눈을 맞으며 즐거워하시던 엄마의 환한 미소. 추워서 산책을 못하는 엄마에게 큰 선물이 되었다. 겨울에 내리다 다 못 내린 눈이 매화나무에, 벚나무와 조팝나무, 산딸나무, 찔레나무 가지에 앉다가 앉을 데가 없으니까 할머니가 꽃나무 가지인 줄 알고 성긴 머리 위에 앉는다.

마지막 장 할머니 모습은 엄마를 너무 닮았다. 하루의 일과가 인생을 나타내는 듯 아름답게 그려낸 내용이 감동을 준다. 그림책을 보고 난 뒤 많은 생각을 하게 됐다. 아픈 엄마와 함께 살면서 보낸 시간을 그림책으로 남긴다면 엄마에게도 남은 가족들에게도 큰 선물이 될 것 같다는 생각이 들었다. 요즘 계속 도서관에서 그림책을 빌려 엄마와 함께 보면서 스케치북에 색연필로 그림도 그린다. 손에 힘이 없어 그림이 잘 그려지지 않지만 엄마는 옛 고향 집을 그리워하며 집 주소를 외우신다.